言葉と俳句の力で心が育つ学級づくり

言葉を大切にする子どもの育て方

多賀一郎
山本純人
長瀬拓也 著

黎明書房

はじめに

学級づくりは、言葉づくりである。

それが、私が初任時代に学んだことです。

学級がより高まっていくと、子ども達の言葉が変わっていきます。素晴らしい実践を残されている学級では、子ども達の言葉が柔らかく、そして、豊かです。

つまり、

学級を育てることが言葉を育てることであり、
言葉を育てることが学級を育てることである。

と私は考えています。

では、どうすればそうした学級をつくることができるのでしょうか。

本書では、そのテーマに対して、

俳句づくり
言葉の指導

の二点に着目して取り組むことにしました。

なぜ、学級づくりに俳句なのかと思う人もいるかもしれません。

詳しくは本書を読んで頂ければと思いますが、少しここで紹介をさせてください。

学級づくりには、子ども達が夢中になって取り組むような
文化的な活動の「コア（核）」

が必要です。

しかし、その文化的な活動のコアは、子ども達にとって、支持されるものでなければいけません。

その条件として、

- **すぐできる**
- **誰でもできる**
- **しかし、奥が深い**

という点が挙げられます。
そこで、今回、
俳句づくりで学級づくり
という提案をしようと考えました。俳句づくりは言葉を育てる有効な手立てだからです。
また、俳句づくりに加え言葉の指導を通じた学級づくりも提案したいと考えました。子ども達が豊かな言葉を使うことで、学級を高めることができるからです。

たくさんのアイデアを紹介し、その中で読者の皆さんが参考にして頂ければと思っています。

本書は、俳句づくりで多くの実践を残されている山本純人先生、国語を中心とした言葉を大切にする学級づくりをされてきた多賀一郎先生にお願いしました。そして、私、長瀬と編集部の佐藤美季さんを加えた四人でつくりました。

第一章は、長瀬が担当し、学級づくりと言葉づくりの関連性や大切さについて述べました。第二章は、山本先生に俳句づくりを中心とした学級づくり、第三章は、多賀先生に言葉を大切にする学級づくりについて執筆して頂きました。

若い先生やこれから先生になる方を意識し、平易な言葉でわかりやすさにこだわって書いています。しかし、読んで頂きたい方は、若い先生だけではなく、中堅やベテランの先生も含めた多くの先生です。

ぜひ、多くの先生方に読んで頂き、今一度学級と言葉の関係について振り返って頂けたら幸いです。

平成二十六年十一月三十日

長瀬拓也

目次

目　次

第2章　俳句活動で学級づくり

第3章　言葉の活動で学級づくり

第1章

学級づくりの基本は言葉づくり

1

学級づくりの基本は言葉

若い先生、とくに、初任者の先生にとって、学級をつくる上でまず意識してほしいことがあります。

それは、

言葉の力

です。

言葉の伝え方や取り組み方を少し意識するだけで、学級はとても落ち着き、すてきなものになるからです。子ども達の「言葉」に耳を傾けながら、丁寧な言葉で話し合えるようなクラスをつくることができれば、たとえ初任者であっても、クラスは落ち着きます。教師としての階段を一つ乗り越えたといえるでしょう。

では、どのように意識すればよいのでしょうか。

それは、

一　子ども達の会話、おしゃべりといった「言葉」に耳を傾けること

二　全員で話し合う時は、丁寧に穏やかに話すこと

三　しかし、時にはフランクに、そして明るく話すこと
四　知的で面白い言葉を使えるよう常に意識すること
五　何気ない言葉の中にも先生が伝えたい「言葉」を常にもっていること

だといえます。

　私は、授業とそれ以外の言葉を使い分けようと意識しています。授業では、「さん」と呼び、放課後などでは「ちゃん」に時に切り替えるなどしています。この方法が正しいといっているのではなく、

子ども達と関係性をもつ言葉の使い手

になる必要が教師には求められるということです。

　若い先生で、子ども達との距離の取り方や関係性の難しさを感じる方が多くいます。私もその一人ではあります。しかし、「言葉」を意識するようになって少し自分自身が変わってきたように感じています。それは、何よりも関係性をもつためには、「言葉」が大切だということです。私は、「言葉」をいかに意識して使うかで良好な関係性を保てることが少しずつできるようになってきました。

　学習する集団をつくり、一人ひとりとつながるために、まず、教師が自ら発する「言葉」を意識し、子ども達の「言葉」に着目することからはじめることが大切です。

2

言葉を大切にする子を育てる

学級をつくる上で大切なことは、

言葉を大切にする子を育てる

ということです。

言葉を大切にしないと、トラブルを起こしてしまったり、自分の思いを伝えることができなくなったりして、その子もまわりの子も苦しみます。

しかし、言葉は子ども達の家庭環境や生活の歴史を如実に表します。本当は心優しい子でも、荒々しい言葉を使い、周囲からの批判をあびて、本当に荒々しい子になってしまう場合があります。私はそうした子を何人も見てきました。

一方で、言葉を大切にするようになると、まわりの評価も変わり、行動も変化していきます。言葉は子ども達を成長させる最大の道具だといえます。

では、どうすればよいのでしょうか。

こんな話があります。

四月を過ぎると、学級がなかなか落ち着かず、叫び声に近いような声が教室から聞こえてきたり、先生も子ども達も使っている言葉が雑になってきたりします。

これは、実は私の話です。

私は、スーパー教師ではないので、どうしても大きな声を出してしまい、反省することが多くあります。しかし、こうした若い先生は実は多いのではないでしょうか。

では、なぜ、大きな声を出してはいけないのでしょうか。

それは、大きな声を出すと、子ども達は真似してしまうからです。

これは、子ども達は意識的にしていることではありません。子ども達は環境に大きく左右されます。そのため、こうしたことが起きたら、もう一度、「言葉」の使い方についてことが大切です。

担任や授業者が意識をする

しかし、それだけでは、なかなかうまくいきません。子ども達が言葉を大切にするためには、子ども達が自分の言葉を使いながら活動したり、振り返ったりすることが大切です。

そのため、

俳句や言葉を意識した活動

があると考えています。

3

言葉は伝染すると考える

担任をしていると、

子ども達の言葉づかいが自分に似てくるな

と考えることがあります。

しかし、よく感じてみると、

子ども達の言葉づかいに自分も似てくるな

と思うことがあります。

子ども達と生活をしていると、子ども達が普段使っている言葉を自分自身も使ってしまうことがあります。

子ども達の言葉にそのまま反応するのではなく、

少し間を取ってよい言葉で返す

というのをやってみましょう。

汚い言葉や相手を挑発するような言葉を使ってくる子ども達に対しても、そうした言葉で返すのではなく、

相手が思わず、納得してしまうような返し

を考えてみましょう。

さらに、

言葉は伝染する

と考え、言葉を子ども達に広める意識をもちましょう。

子ども達からの適切ではない言葉の使い方には違う言葉で返す意識で取り組んでいくと、子ども達に先生の思いがこもった言葉づかいが広がっていきます。

4

子ども達の言葉に耳を傾けよう

初めて担任になる人や若い先生は、

「話を子ども達に聞かせたい」

「静かになってほしい」

と思うことが多くあります。（もちろん、ベテランの先生も同じですが）

その思いが強いと、どうしても
「静かにして」

「話を聞きなさい」

「うるさい」

となってきてしまいます。

そこで、ぐっとこらえ、

「○○さんの聞く姿勢が素晴らしい」

「△△さんが聞いてくれてうれしい」

と聞いている子をほめ、聞くことが大切であると評価していくことが必要です。

それと同時に、

子どもの言葉に耳を傾ける工夫と努力

がとても大切です。

つまり、子ども達の言葉を休み時間や授業のちょっとした時間を使って聞こうとすることが大切です。このことは、千葉の塩崎義明先生から学んだことです。

子ども達は、本来は話したい、伝えたい存在です。

しかし、話を聞いてくれないから、違う方法でアピールをします。

それが原因で叱られ、さらに違うアピールをする……。

こういう繰り返しが学級を不安定なものにさせていきます。

そのため、話したい子の話をとことん聞く時間をつくったり、おしゃべりをしたりするように工夫することがあります。

若い先生には、おおらかな気持ちで、「ドーンとこい」というぐらいで話を聞いていくと、子ども達との関わりがとてもよくなっていきます。

その時は、「そうなんだ」「それで」と相づちをうったり、尋ねたりすると子ども達も喜びます。

まず、子ども達の言葉に耳を傾けましょう。

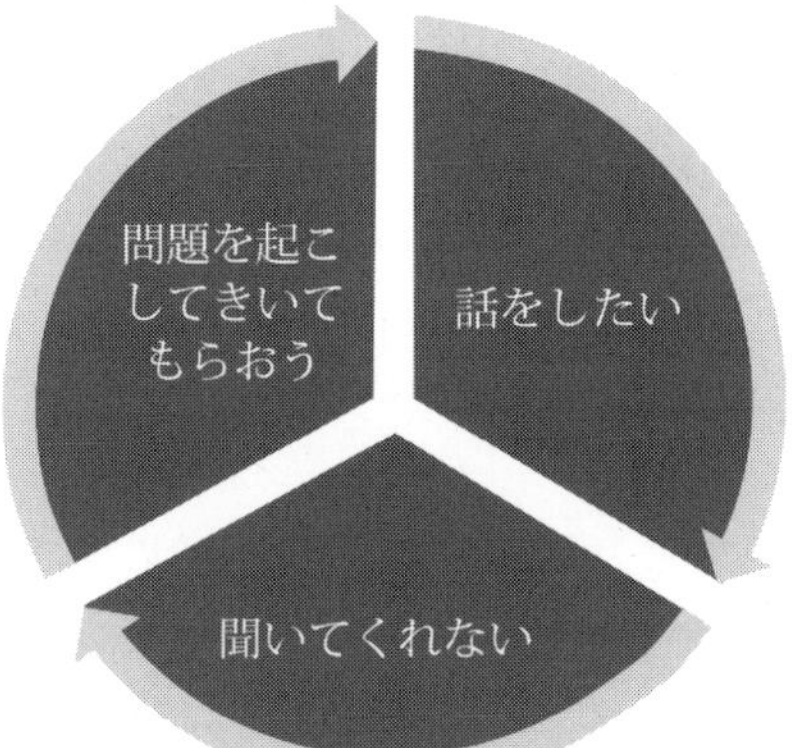
話をしたい
聞いてくれない
問題を起こしてきいてもらおう

5 学級びらきは、「聞きたい」と思う演出を

学級づくりは、何よりも先生の言葉が子ども達の心に入り、「そうだな」と納得して伝わっていかないとうまくいきません。その上で、学級びらきは、担任の先生の言葉が一番子ども達の心に入る瞬間です。

「この先生、楽しそうだな」

「授業が楽しそう」

「話を聞いてみたい」

と少しでも思わせたら手ごたえありです。

そこで、学級びらきは、子どもが

「先生の言葉を聞きたい」

と思うような演出を心がけましょう。

例えば、私の場合、山口県の中村健一先生の「笑いトレーニング」という実践を使って、お面をかぶり、伝えたいことを伝えるという実践をしています。

イラストにあるように、ある年は「話を聞く」という活動をどうしても大切にしたい学年でした。そこで、まず子ども達全員に黒板を見ないように机に顔を伏せさせ、私はその後で仮面をつけ、黒

板の「話を聞く」を示しました。机に顔を伏せて、いきなり黒板と私を見た子ども達は大笑いでした。

こうしたことをすると子ども達はなかなか忘れません。後日写真を見せたり、学級びらきのことを思い出したりして「話を聞く」ことの大切さを確認したこともあります。

また、一方で真剣な顔になり、教室を「シーン」とさせてから、

「先生が君達にしてほしいことをいいます」

といって、守ってほしいこと、がんばってほしいことを伝えます。

ただし、ここでも長く話すことはせず、

「見せる・つくる・つなげる5年生へ」

というようにキーワードを使いながら語りかけていきます。

教師としての言葉をいかに子ども達に伝えるか。

それが、学級びらきで大切にしたいことです。

相手が面白いなと思ってくれるような出会いから

6

まずは言葉を伝えあい、笑おう

学級がスタートしたら、

言葉を伝えあい、笑う活動

をできるだけ行うようにしていきます。

例えば、

・ペアで相談する
・ペアで答えを1つ見つける
・班で考えを5つ見つける
・班でどの答えがいいかを決める
・ゲームの後作戦の話し合いを入れ、またゲームをする
・立って会話をしあう

など、授業の中で、

自分が聞くことを大切に

会話の量を保障していく

ことを大切にします。

すべての時間でこうした活動はできません。

そのため、

一時間の中で数分でもよい

ので取り入れていきます。

そして、学級がスタートしたら、できるだけ笑顔や笑うことを多くしていくように心がけましょう。

スタートをすると、なかなか笑えないような事態にも出会います。

しかし、そこで子ども達のペースに合わせるのではなく、担任や授業者のペースに合わせていくことをめざします。

子ども達が笑顔や笑うことが素晴らしいと思うように、先生自身がくじけず続けることが大切です。

まず，いかに話すか，伝えるかの前に

7

言葉を「聞く」喜びを味わおう

学校教育の基本は、

「聞く」こと

だといっても過言ではありません。

そのため、先生や友達の言葉を「聞く」ことがすてきだな、楽しいなと思うような取り組みをいれていくことが大切です。

例えば、私の場合、毎日、「聞く習慣」をつくるために、

少し長めの小説の読み聞かせ

をしています。

5年生に『二分間の冒険』（岡田淳作、偕成社）を読み聞かせていると、子ども達はじっと聞いてくれたことがあります。子ども達の発達にあわせて本を選ぶことも大切です。

また、ゲストの先生をお招きしたり、映像を見せたりしながら、

「(言葉を)聞くってすてきだな」

と思う工夫を多く取り入れていきましょう。

ゲストの先生をお招きして話を聞く

・毎日「聞く」ってすてきだな―『二分間の冒険』や『モモ』の読み聞かせ

『二分間の冒険』
（岡田淳作，偕成社）

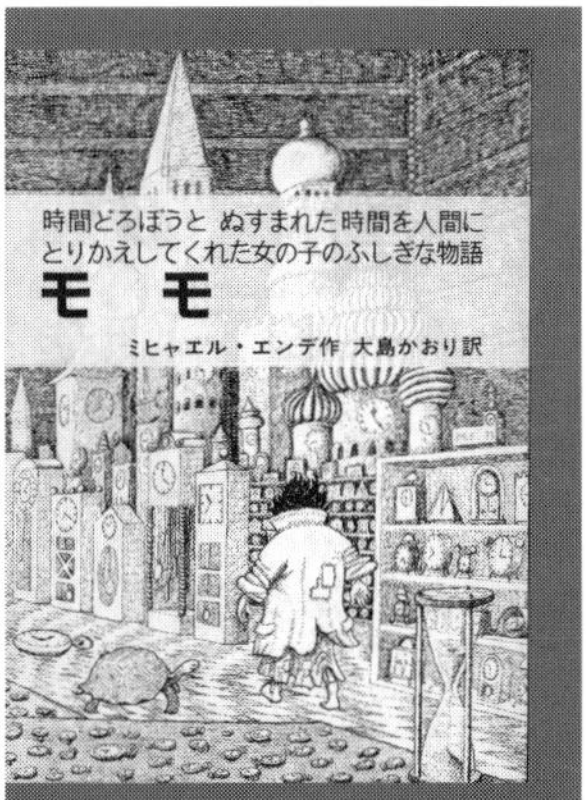

『モモ』（ミヒャエル・エンデ作，
大島かおり訳，岩波書店）

8

言葉の活動はスモールステップで

教室に荒い言葉や汚い言葉があふれるのではなく、相手の気持ちを高めたり、おだやかにさせたりする言葉が飛び交うようにしたいものです。

そのために、仲間と言葉を伝え、聞き合う活動をスモールステップで行うようにしましょう。

学級びらきの後は、まず、会話の量を保障することをめざします。自分の思いを伝え、聞くという活動を取り入れます。

そして、そうした活動と同時に、「質」を高める取り組みが必要です。

例えば、私は、算数でホワイトボードを使って、問題を解き合う活動をしたり、絵本の読み聞かせをしたりすることがありました。

ホワイトボードは、書いてすぐ消せるというよさがあり、友達同士でああでもない、こうでもないと試行

ホワイトボードを使おう

錯誤しながら解き合うことができます。

絵本の読み聞かせは、自分の好きな絵本を探してきて仲間に読み聞かせをするという活動です。

絵本の読みやすさとわかりやすさによって、子ども達は仲間のよさをじっくりと聞くことができました。

こうした「ただ話し合う」だけで終わるのではなく、対話をして答えを出したり、それぞれ発する言葉をかみしめたり、楽しんだりする活動のアイデアが必要です。

くわしくはちょんせいこさん達が取り組まれている活動や著作を読むとよいでしょう。おすすめします。

参照

岩瀬直樹・ちょんせいこ著『よくわかる学級ファシリテーション①―かかわりスキル編―（信頼ベースのクラスをつくる）』解放出版社

聞く活動はスモールステップで

9

クラス・キーワードにこだわる

学級目標や、担任として大切にしたい言葉があります。

「思いやり」

「助け合い」

「絆」

「協力」

こうした言葉は、子ども達にどんなクラスにしたいか聞くとまず出てきます。

私は、こうしたクラスを高めるような言葉を

クラス・キーワード

と呼んでいます。

しかし、大切なことはここからです。つまり、

設定した言葉にこだわりがあるか

ということです。

どんなに素晴らしい言葉を設定しても、そこにこだわりがないと、子ども達は
「設定した言葉はこだわらなくてもいい」
という負のイメージを与えてしまうことがあります。これは、負のヒドゥンカリキュラムともいわれています。
そのため、

- **クラス・キーワードを振り返る場や時間を設定する**
- **クラス・キーワードについて書いて振り返る**
- **学級通信でクラス・キーワードを表す**
- **教師自身がクラス・キーワードを意識して生活する**

といったこだわりをもつことが大切です。

教師がこだわると子ども達もこだわる

と私は考えています。
学級目標を決めて終わりではなく、決めてからがスタートの気持ちで、いかに、クラス・キーワードの言葉が子ども達の実生活に生きていくかを考えていきましょう。

10

学級目標を声に出して読む

学級目標は設定する過程も大切かもしれませんが、一番大切なことは、

学級目標を具体的に達成すること

です。

そこで、低学年や中学年は、

学級目標を声に出して読む

という活動をしたことがあります。

低学年の指導で困っている時に、

「毎日声に出すといいよ」

と研修会で先輩の先生に教えてもらったことがきっかけでした。

声に出して毎日読むと、子ども達は

学級目標を覚える

というよさがあり、一年を終えた後も子ども達も学級目標を覚えていることがありました。

また、高学年は、

学級目標の達成や状況について話し合う活動

をしたことがあります。

つまり、

学級目標が掲示されただけの状態にしない

ことがとても大切だということです。

学級目標はクラスの象徴になります。

定期的に自分なりの達成度を調べてもよいでしょう。

11

言葉一つひとつを「予測」する

支援を要する子がいます。

そうした子が暴言を吐くことがあります。

そこで、カッとなって反応してもあまりよい効果はありません。

つまり、

自分が発する言葉一つひとつを「予測」する

という意識がとても大切です。

支援を要する子の中で、一概には決していうことはできませんが、

「自分をみてほしい」

という思いがあります。

そこで、暴言について反応してしまうと、その子の思いに答えてしまうことになります。

そのため、なるべく正しい言葉を話すと反応してくれるという関係に切り替えていく必要があります。

しかし、簡単にはいきません。

・この言葉をいうと、おしゃべりができるかな。
・こうやって話すと、話を聞いてくれるかな。
・好きなことや言葉がわかったぞ。よし、今度使ってみよう。

というように、一つひとつ使う言葉を予測し、丁寧に使っていくことが大切です。

もちろん、子ども達にズバッと響くような言葉もあります。

しかし、家本芳郎先生が「指導は人格が発動される」（『〈教育力〉をみがく』寺子屋新書、子どもの未来社）というように、先生の人柄が言葉に反映されます。そのため、どの言葉で効くのではなく、

自分にあった言葉

をいかに考えていくかが大切です。

うまくいくこともあれば、失敗することもあります。そうした中で、よくふりかえりをして丁寧に取り組んでいくようにしていきましょう。

12

気持ちの込め方で伝え方が変わる

子ども達に自分の思いを言葉で伝える時、「あ、しまったな」と思うことはありませんか。

・子ども達が泣いてしまった。
・子ども達が逆に反抗してしまった。
・子ども達に思いが伝わらなかった。

教育書などを読むと、「どんな言葉を使えばいいか」といった指示や発問、指導言といった

言葉の内容

がよく問われます。

しかし、気持ち、伝え方、声の音量、高低といったような、

言葉の伝え方

も一方で大切です。

本当に伝えたい時、

・言葉を丁寧に低い声で伝える
・悲しそうにゆっくり話す

など、自分なりに言葉が響くような言葉の伝え方はとても大切です。

私は若い頃、夏休みにＮＨＫが企画している先生のための声や話し方のレッスンに参加し、とても役に立った思い出があります。

こうした声の使い方は、

授業

に関しても同様です。

普段の授業でも抑揚や高低など、声の使い方を意識して取り組んでいくことが大切です。

私自身もまだ修行中でがんばらないといけないと思っています。

13

目標となる言葉を教室へ

子ども達が

目標とするような言葉を教室に入れる

ことも教師の大切な仕事だと思います。

子ども達が普段聞いたことがないような言葉や新鮮さを感じるような言葉を教室で紹介することによって、それが子ども達の言葉の力を高め、実生活でも使えるようになれば、大きな成果といってもよいと思います。

例えば、私は、国際バカロレア（インターナショナルスクールや各国の現地校の卒業生に国際的に通用する大学入学資格を付与する仕組み）に取り組む団体の

「10の学習者像」

というものを子ども達に提案し、それをもとにふりかえりをするようにしています。

こうした言葉の存在は、子ども達はなかなか知りません。

すてきな言葉や紹介したい言葉をどんどん紹介し、教室に入れていくことを大切にしていきましょう。

「10 の学習者像」

Inquirers	探究する人
Knowledgeable	知識のある人
Thinkers	考える人
Communicators	コミュニケーションができる人
Principled	信念のある人
Open-minded	心を開く人
Caring	思いやりのある人
Risk-takers	挑戦する人
Balanced	バランスのとれた人
Reflective	振り返りができる人

文部科学省ホームページより
http://www.mext.go.jp/a_menu/kokusai/ib/1308000.htm

14

たくさんの詩を教室に

私は初任の頃から、たくさんの詩を教室に入れるようにしています。
詩のよさには左のようなものがあります。

- ・だれでも読める
- ・すぐできる
- ・用意に時間がかからない
- ・すてきな言葉がたくさんある
- ・短い時間でもできる

学力に差があったり、読むのが苦手だったりする子でも「スッ」と入れるのが詩の学習です。音読をしてもよいし、写してもよいし、一部をかくしてクイズにしてもよいでしょう。使い方が自由なのが詩の特徴です。

また、詩は季節を味わうことができます。

・入学式や始業式に
・雪や雨の時に
・運動会、文化祭などの行事の時に

こうした季節を、詩を読むことを通して子ども達と感じることができます。
詩の学習はいろいろありますが、まず、声に出して読むことです。

・いろいろな動物になりきって読む
・ペアで読み合う
・一人が読んだら続けて読む
・グループで読み合ってよさをみつけあう

など、様々な読みを試しておこなってください。
教室にたくさんの詩があふれるとよいなと思っています。

15

書く活動を日常的にする

日記を書く
ふりかえりを書く
友達のよさを書く

どんなことでもよいので、

「書く」活動

を日常的に行うことが大切です。
これは、

書くことで言葉と向き合うことができる

からです。
話すだけでは言葉が子ども達にとって自分の言葉になりません。

そのため、書く活動を通じて、言葉を使い、自分の内面と向き合っていくことが学校教育の中でとても大切なことです。

ただし、

子ども達が書きたいと思うように書ける工夫

をすることがとても大切です。

子ども達が書きたい、もっと書きたいと思うような工夫をどんどん取り入れ、それを継続していくことが大切です。私は、ちょんせいこさんの実践を参考にし、

ふりかえりジャーナル

という取り組みを帰りの会の前にしています。

ふりかえりジャーナルとは、帰りの会などでテーマを決めて一日のふりかえりを書く活動のことです。

数分しか書きませんが、継続していけば、とても多くの時間になります。

ぜひ、書く活動を日常的に取り入れてみましょう。

16

行事は目標確認の場

学校行事の時、勤務している学校の校長先生に目標について確認することの大切さを教えてもらい、「はっ」としたことを覚えています。

目標を確認させることは、

なぜ、この活動をするか、意義を明確にすること

につながります。

行事をすることが大切ではなく、目標や意義のために行事を子ども達も私達もしていきます。

・始業式でも
・運動会でも
・宿泊研修でも

行事の目標や意義があります。

そのため、

行事をする前に言葉で確認をする

という行為がとても大切です。

目標について子ども達に話をさせたり、みんなで声を出し合って読んだりして確認をしていきます。

活動だけに終わることなく、言葉をつかい、目標を確認したり、終了後振り返ったりすることで、学習効果を高め、子ども達の成長につなげることができます。

「なぜ、この行事をするの」

と子ども達に聞いてから始めてみましょう。それだけでも効果はあると思います。

17

言葉があふれるような常時イベントをしよう

本書を書くことになったきっかけは、

すてきな言葉があふれる教室にするためのアイデアを若い先生に知ってほしい

という思いからです。そこで、言葉の指導の達人でもある多賀先生と山本先生にお願いしました。ぜひ、若い先生は言葉があふれるようなイベントを継続して行ってください。

私は、初任時代、詩を読み合うワークショップをしました。ここでは詳細は避けますが、一年を通して実践を行いました。この実践は失敗もあったし、うまくいかなかったこともありました。しかし、教え子から思い出に残っていると言われ、嬉しかったことがあります。

大切なことは、

続けること

です。

・うまくいかない
・子どもが面白くないといっている

・時間がない

こうした「誘惑」がたくさんあります。しかし、こうした「誘惑」に負けると何も残りません。そのため、とにかく続けることを大切にしてください。

第二章、第三章で、

「これやってみよう」

と思うような実践が見つかると思います。

そこで、ぜひ、「一発屋さん」にならないようにしてください。できれば長く続くことをめざしてください。期待しています。

第一章　参照資料

塩崎義明編著『スマホ時代の学級づくり』学事出版
家本芳郎著『〈教育力〉をみがく』寺子屋新書、子どもの未来社
岩瀬直樹・ちょんせいこ著「よくわかる学級ファシリテーションシリーズ」解放出版社
菊池省三著『授業がうまい教師のすごいコミュニケーション術』学陽書房
吉永幸司著『学年別　吉永幸司の国語教室』小学館
鴻上尚史著『コミュニケイションのレッスン』大和書房
山本淳一・池田聡子著『できる！をのばす行動と学習の支援』日本標準

■コラム■　あせらないこと

この章を読むと、

「うちのクラスの子は言葉づかいがよくないな」

と自分を責めてしまう先生がいらっしゃいます。

しかし、そんなことはありません。心配しなくて、大丈夫です。

大切なことは、

あせらないこと

です。

学級づくりは、

ひらく・・・学級をひらき、関係性を高める（四、五月）

まとめる・・学級集団としてまとめる（六月、七月）

高める・・・学級集団として高める（九月から十二月）

閉じる・・・学級集団として終わりながら次の学年につなげる（一月から三月）

という大きく4つの成り立ちがあると考えています。家庭での言葉づかいもありますから、すぐには決してよくなりません。大切なことは継続です。学級を閉じるまでに徐々によくなっていけばよいというぐらいの気持ちで取り組んでいきましょう。あせりは禁物です。

第2章

俳句活動で学級づくり

1

俳句活動の進め方（年間を通しての考え方）

学級で俳句を始めるときには、「三つの時期」に分けて考えると、上手くいきます。

一　土を作る時期　↓　一学期　石をけりどこまで飛ぶか春の月　安藤奈々
二　種をまく時期　↓　二学期　あの日から風が変わって秋近し　西尾憧平
三　芽が出る時期　↓　三学期　うわばきがきつく感じる三学期　武田美紅

「あれ！　花は咲かないの……？」と思ったかもしれません。

実は、ここに俳句活動の大きなポイントが隠されています。

俳句は、「あせらないこと」が、成功の鍵

俳句のゴールは、「賞に入ること」や「上手な俳句をつくること」ではありません。

俳句活動を通して、子どもがかわる【チャンス】づくりをすることが、大きな目的です。

その結果、豊かな感性や言葉の力を獲得出来るようになれば、これほどいいことはありません。

あせらず、子どもの作品から「良さ」を見つけることを積み重ねていくことが基本姿勢です。

また、俳句は算数のような絶対的な答えがありません。答案用紙に書かれる具体的な点数もありません。その子の「良さ」を見つけることが、俳句の「答え」なのです。

子どもたちと一緒にやっていく中で、点数がつけられないぐらい素晴らしい作品と、きっと出会えるはずです。思ってもみなかった子の素晴らしい俳句に出会えたとき、なんとも言えない幸せな気持ちに包まれます。

本来、先生と言う職業は、いいコト、いいモノに「いいね」を伝える仕事なのです。

しかし、日々の忙しさに包まれて、子どもに「いいね」と言う数が、どんどん減ってきています。

だからこそ、俳句を通して、子どもの「良さ」に目を向け、「いいね」と言ってみませんか？

俳句は、あわてない。

この言葉を忘れなければ、俳句活動は上手くいくはずです。そして、先生も子どもたちも、自然と「いいね」が口癖になった頃には、学級の雰囲気も人間関係も、がらりと変わっていることでしょう。

2

俳句活動の知られざるポイント

ここでは最初に教えておくといい「具体的な俳句の指導ポイント」を押さえていきましょう。

① 季語を入れ、五七五でつくり、一行で書く。

↓俳句は、季語を入れて一行（五七五）で書きます。テレビ等の影響で、三行書きの子もいるかもしれませんが、正しいことを最初に教えましょう。また、五七五の間を空けてはいけません。標語をつくる感覚で、五七五の間を空けてしまいがちですが、それは大きな間違いです。間を空けずに書くのが、俳句の正しいルールです。

【五七五】位置ごとの呼び名（音数で、単純に分けた便宜上の呼び方です。）

上五（かみご）	中七（なかしち）	下五（しもご）

※意味が三つに分かれる（＝三か所「。」が打てる）と、「三段切れ」と言って、好ましくありません。

② 小さな「ゃゅょ」は一音とは数えない。伸ばす「ー」と小さい「っ」は一音と数える。

↓先生も子どもも保護者も、意外と知らないルールです。クイズ形式で教えてもいいかもしれません。音数の数え方を覚えるときに便利なのが【チューリップ】です。

＊チューリップ＝五音

いまお伝えした①と②は、形式上のこと（＝見てくれ）の問題です。

もちろんこうしたことは大事ですが、それ以上に大事なのが、初めてつくった作品を誰かが「いいね」と言ってあげることです。最初に「いいね」と言ってもらったことが、その後の俳句づくりの大きな原動力になります。

自分のことでふり返ってみてください。長続きしていることの多くは、初期の段階で誰かに「いいね」と言ってもらったことではありませんか？　俳句の出来不出来なんて、まったく関係がありません。俳句をつくろうと思い、一生懸命書いた作品を大事にしてあげてください。

最初の「いいね」が、大きな大きな一歩になります。

五七五や季語、見てくれなど、形式的なことは、あとからでもじゅうぶん修正が間に合います。それよりも俳句を認める「いいね」を多くすることが、スタート時に大切なことです。「いいね」以外にも「良さ」を伝える言葉の引き出しがあればあるほど、俳句活動は順調なスタートを切れるはずです。自分の引き出しには、どれぐらいの「いいね」言葉がありますか？

3

コンクールで入賞する秘訣

子どもがかわるチャンスの一つに「入賞」があります。自分のことを知らない人が、自分の俳句を「いいね」と言ってくれることに喜ばない子はいません。

入賞は、俳句活動を通して自己肯定感を高めるいいチャンスになります。

だからこそ、子どもたちの作品は、出来る限り応募するのです。

「いやいや、応募するレベルではありません」と躊躇する必要はまったくありません。子どもたちの作品は、大人にはない素晴らしい感性（＝味わい）があります。大人が忘れてしまったことや見えなくなってしまったことを、子どもたちは上手に俳句にしていきます。

さて、応募するときには、子どもたちに学んで欲しい注意点が一つあります。

それは**【読んでくれる人がいる、選んでくれる人がいる】ことを強く意識する**ことです。

言われてみれば、当たり前ですが、意外と出来ていないことです。多くの子は、つくるだけで満足してしまい、終わってしまいます。自分の作品を読んでくれる人は、どんな人ですか？　選んでくれる人は、どんな人ですか？　と想像することが、とても大事なことです。

想像する力は、言葉の力を高める力にもなります。想像力の高い子が多い学級では、不要なトラブルや問題が発生する率が、格段に低くなります。言葉を通して、想像する力を高めることは、学級づくりにも大きな二次的効果をもたらします。

本題に戻りますが、俳句コンクールの多くは、どんな人が審査委員をやっていると思いますか？答えは、俳句を長くやっている人生の先輩が、審査委員になることが多いです。何千句、ときには何万句の中から選ぶ訳です。そんなときに、どんな風にしたら、審査委員の人が困らないかな？助かるかな？と子どもたちと一緒に考えることで、答えに近づくことが出来ます。

「思いやり」は、標語等で育つものではありません。日常の中での、小さな想像力から「思いやり」は育まれるのです。いろいろな活動を通して、意図的に副産物を生み出していくのも、担任の先生の力量の一つです。

俳句応募の究極の「思いやり」は、

大きく書くこと

です。見やすさが、一番の「思いやり」となります。もし可能であれば、ちょっと太めのペンで応募するといいでしょう。ペンで書くと、ちょっとした緊張感をともない、字を丁寧に書くメリットがあります。また、薄い筆記用具では見づらいですが、ペン書きだと色濃く、作品の良さを引き立てます。「思いやり」のこもった作品は、入賞する率が低くなることはありません。俳句も思いやりも、ちょっとした想像力が必要なのです。

4 俳句一日一句【暗唱システム】

小さな達成感を得るのにもってこいなのが、俳句の暗唱です。

小学校なら一日一句、中学校・高校以降ならば一コマ（授業）一句、覚える活動を入れてみてはどうでしょうか？　しっかりとした言葉の力を育むには、こつこつやることが必要条件になります。

俳句暗唱は、俳句の独特のリズムや、知らない言葉を覚えるのにも役立ちます。それ以上に、子どもたちにとってプラスになるのが、自分は暗唱が「出来た」という成功体験です。こつこつ暗唱をやっていれば、相当数の俳句を暗唱することになります。暗唱成功数＝自信値となっていきます。その結果、俳句に対する印象もぐーんとよくなります。

俳句暗唱は、短時間で出来て、なおかつ継続性があるので、子どもたちの自信を育むツールとして、もう一度見直されてもいいものだと思います。暗唱が成功して、担任（担当）の先生から○をもらう。シンプルなことですが、子どもと先生との関係づくりのベースになっていきます。

具体的な暗唱の準備ですが、最初に「俳句暗唱プリント」をつくることから始めてみましょう。まず、暗唱に適した俳句探しです。学校の図書室や地域の図書館、またはネット通販等で、俳句の名句集等を手元に用意します。いろいろな種類があるので、数冊の中から選ぶと面白いと思います。そして、主観的でかまわないので、この句は「いいな」と感じたものを選びます。それを打ち込んで、俳句暗唱プリントをつくれば、下準備はほぼ完了です。そして、さらに効果を高める工夫点は次のとおりです。

- すべての文字（俳句・作者名）に「ふりがな」をつけるべし
- 俳句（十七音）＋作者名で暗唱させるべし　＊ひと息で「すーっ」と言えることが合格基準。
- 意味がすぐにわかる句よりも、想像をちょっとかき立てるような句を選ぶべし
- 自由律俳句や俳句らしい独特の作者名の句も選ぶべし　＊同じ作者は、なるべく入れない。
- 合格のときに押すハンコは、スペシャル感の漂うものを用意すべし

86頁に、私がつくった「俳句暗唱プリント」を載せておきます。参考になれば幸いです。

暗唱テストは、上部の二重線を山折りにして暗唱します。合格したら、特別感のある印を「おめでとう」のひと言とともに上部の番号のところに押してあげるのです。活動自体のハードルは低いのですが、達成感が高いお得な教育活動です。また、保護者会で親御さんを対象にやってみると、親御さんも合格したときに、子どものようにうれしそうな表情をします。

暗唱は、言語感覚とともに達成感も得られる一石二鳥の方法です。ぜひ、おためしください。

5

連絡帳一行俳句

世界的に見ても「連絡帳」というものは、面白いツールです。

日本人らしさは、意外とあの「連絡帳」から育まれているのかもしれません。

さて、その「連絡帳」を、数倍効果的に使うことが出来るのも「俳句」です。

俳句が、支持される理由の一つが、「短い」ことです。ちょっと長い「作文」を好きになるまでは、ある程度の時間と計画的な訓練がどうしても必要となってきます。(それは、それで必要なことですが……。)

まずは、俳句を通して「書くこと」を、いとわずに出来るようにします。

連絡帳一行俳句とは……具体的には、連絡帳に今日あったことを、まず

十二音

でつくります。それに「しっくりくる」季語を最後につけて完成です。たったこれだけです。

うとうとと鉛筆もって夏の風　　武内沙織

【今日あったことを十二音】＋【しっくり季語（五音）】

※しっくり季語は、それほど強いイメージの季語ではなく、やわらかい使い勝手のいい季語です。俳句は、「まず季語あって、それから作品をつくる」という固定観念をお持ちの方もいらっしゃるかもしれません。しかし、あとから季語を置いてつくる方法もあります。かの有名な松尾芭蕉も使っているちゃんとした技術です。（↓取り合わせ・二物衝撃・一句二章等）

少しずつ慣れてきたら、【しっくり季語】を先（上五）にもってきたり、【しっくり季語】を中七に入れたりすることも出来ます。また、五音以外の季語を使うこともいいでしょう。

冬風の吹かれ吹かれて追いかける　植竹彩乃
春風や丸顔並ぶ子どもたち　小野珠緒
ひとりごと秋の真上に浮いたまま　近藤夏実

このあたりは、子どもの発達段階、成長状況に応じてやってみるのがいいと思います。

親御さんは、連絡帳のお子さんの俳句を通して、学校の様子をうかがい知ることが出来ます。単なる連絡ツールではなく、季節感をともなった日記のような機能をもった連絡帳になります。この連絡帳は、保存して数十年後に見返してみても、温かみのある具体的な記録となるでしょう。さらに慣れてくれば、宿題や自学で俳句を出してみてもいいでしょう。（ただし、無理だけは禁物です。）俳句自体が短いので、次の日に先生が課題を見るにしても、大きな時間を取られることはありません。言葉の活動の成否は、負担なく続けられることが大事な要素や条件になってきます。

6 歳時記のある教室

公園にある「ぶらんこ」は、実は季語なのです。季節は、春夏秋冬いつだかわかりますか？

俳句を子どもたちと一緒にやり始めると、この言葉は「いつの季語なのか？」「そもそも季語なのか？」と疑問に思うことが多々あります。疑問に思ったことを調べるツールが必要です。わからない言葉は、国語辞書で対応出来ますが、季語となると国語辞書だけでは正直対応出来ません。そこで、学級文庫に季語がたくさん載っている**【歳時記】**を置いてみてはどうでしょう。

歳時記には、大人も知らないような季節の情報がたくさん載っています。「なるほど」と思わず膝を打つような豆知識もいっぱい書かれています。歳時記は、雑学事典のようなものなのです。

また、歳時記は中古でも問題がありません。あまり時代に左右されないので、古本で買ってもほとんど影響もありません。逆に、安価で手に入れられる大きなメリットがあります。ネット通販やオークションでも、歳時記は腰を抜かすほどの安さで売っています。数冊買って、学級文庫にこっそり置くことも可能な値段です。学級文庫の歳時記は、新しい文化の導火線になるはずです。

歳時記の中には、写真がたくさん載っているものがあります。難しい言葉には、読み仮名がついているものもあります。近年は、子どもがつくった俳句が載っている歳時記もあります。老若男女が読める一冊が、歳時記なのです。

季節を感じる出来事や二十四節気の日に、先生がパラパラと学級文庫にある歳時記をめくって、朝の会で話してみることも、言語環境としては有効なことです。世界でも四季がこれほど豊かにある国はなかなかありません。句や季節感をもった子どもに育てていくことも大事な教育活動です。

さて、

「ぶらんこ」は、いつの季語なのか？

ぜひとも学級文庫に置いた歳時記で、子どもたちと一緒に調べてみてください。不思議な季語は、そのほかにも「しゃぼん玉」「昼寝」「小春」「セロリ」等があります。これをきっかけに、季語クイズなんて活動が広がったら、教室内に文化的かつ知的な空気がきっと漂うでしょう。学級文化は、何かのきっかけでじわりじわりと広まっていくことが望ましいのです。

ぶらんこに乗せて伝える自己紹介　田村日和

ぶらんこのかすかに揺れる五時間目　髙橋美和

ちなみに、インターネット上には、「季語」を検索出来るページがいろいろとあります。その中でも、私がおすすめなのが、ひらがなで季語を検索出来る左のホームページです。季節、意味、画像、例句まで載っている優れものです。お気に入りに入れておけば、実用度の高いページです。

【わたしの俳句歳時記〈季語・文字検索〉】http://www.mysai.net/kigo_search.html

7 学級通信に子どもの俳句を載せよう

学級通信は、日程等のお知らせや担任の考えを載せることも大事ですが、やはり子どもの名前や作品を載せたいものです。子どもの名前が登場する学級通信は、名前のない学級通信の数倍の価値があるはずです。

名前を出すときには、年間通して名前登場回数が、どの子もある程度同じようにすることが、基本中の基本です。ほんのちょっとの偏りはあるかもしれませんが、あの子ばかりが出ているとなると、違った問題を引き起こしかねないので注意が必要です。名簿等でチェックしておくと、のちのち平均するときに手間がかからないので、四月当初から記録をすることが仕事術です。

デジカメが普及しているご時世なので、図工や美術の作品を載せるのは、以前よりも簡単になりました。作品と本人をアップにして撮ることも、学級通信作成上のテクニックです。しかし、作文や感想となると、全員を同時に載せるのが難しい一面もあります。全員載せるとなると、分量も膨大になり、時間も必要になります。また、内容面でも、ちょっと心配りをしなくてはいけません。逆にいい作品だけ載せるとなると、登場回数が偏ることが予想されます。

そんな問題を解決してくれるのが「俳句」です。子どもたちの作品を学級通信に載せたいなと思ったら、ちょっとした大きさの付箋に書いてもらいます。そのときに、付箋の裏に名前を書いてもらうのがちょっとした工夫です。（理由は、あとでわかります。）また、「そのまま学級通信に載せるから……」とひと言伝えば、丁寧かつ濃い目に書くようになります。これも、学級通信作成の裏技です。のちのち読めない字やとても薄い字は、学級通信では困る要素なのです。

その付箋を、学級通信の用紙にぺたぺた貼っていけば、あっと言う間に俳句掲載号が完成です。

名前を裏側に書いてもらったので、誰の作品なのかわからない面白さも出てきます。親御さんは、「わが子の作品は、どれだろう？」と筆跡や作風から一生懸命探すでしょう。次の号あたりに、誰の作品なのか、名前とセットにして紹介するといいでしょう。

また、一目でわかる筆跡の場合は、先生が手で書いても、またはパソコンで作成してみてもいいでしょう。作文や感想と違って俳句は短いので、それほど時間はかかりません。結果的に、子どもの作品と名前が全員載り、クイズ要素もある学級通信を、ぜひお試しください。（担任の先生や校長先生の俳句もこっそり混ぜておくと、さらに盛り上がるのでご紹介まで。）

用紙に付箋を貼る

8 新出漢字使用俳句大作戦

漢字を **覚える** ところまでで、ひと苦労。漢字を **使える** ところまで、なかなかいかないのが現状ではないでしょうか？

漢字は、漢字練習帳に書けば使えるようになるかと言うと、答えは残念ながらＮＯです。小テストをすれば、日常生活で使えるかと言うと、これも答えは残念ながらＮＯです。

漢字は、使えることが大事なのです。書くことよりも使うことが、ゴールになるのです。しかし、ほかにもやることがたくさんあるので、使うところまでの指導にたどり着きません。

そんな悩みを解決出来るツールが【俳句】です。

言葉の力の多くが、使うことで高まります。絵に描いた餅では、やはり意味がありません。具体的に言うと、新出漢字を含んだ俳句をつくる活動です。

漢字には、音読み・訓読みがあります。また、漢字には熟語をつくる機能もあります。新出漢字が使ってあれば○という条件のもと、俳句をやってみてはどうでしょうか？

たとえば、【指】と言う漢字を習った日につくってみます。

母の日の小指と小指からませて　新美瑛乃

つばめ鳴き指人形の会話かな　中村真遙

これならば、継続することも可能です。なぜなら、俳句は短いので、支援を要する子にも比較的取り組みやすい面をもっています。また、どんな風に使っているか、先生方が確認するのにも、短時間かつ継続的に出来ます。

子どもからの視点で考えてみると、漢字を使う瞬間は漢字に意味をもつ瞬間です。読みや意味がわからなければ、へんてこりんな俳句になってしまいます。単なる漢字練習では養えない漢字力を培うことにもつながります。

また、新出漢字一字だけでは、ちょっとつくるのが難しい場合もあるかもしれません。複数個、新出漢字を提示する工夫があると、選択の幅を広げたり作成上の難易度を下げることが出来ます。もしかしたら、欲張りな子は、その複数個の新出漢字を入れて俳句をつくるかもしれません。

ノートに百個書くよりも、俳句に一個使う新出漢字の方が、アウトプット性があるので、その後使えるようになる率が高くなります。もちろん、形を覚えるための一定数の漢字練習も必要です。そのあたりのバランスを意識しながら、らせん的に使える漢字の力を高めていきましょう。

9

社会科とつなげよう［地図帳］俳句

全国、四十七都道府県のうち、行ったことがある都道府県はいくつでしょうか？大人でも全国制覇したことがある人は、意外と少ないものです。子どもに至っては、行ったことのある都道府県は、かなり数が限られてきます。行ったことがないので、機械的に覚える活動になりがちなのが、都道府県の学習です。

小学校であれば、教室に日本地図を貼ることは、小さなことですが大事な学習環境です。自分の住んでいる国のことをいつでも調べられる環境をつくることも、学ぶ力を高めるためには必要不可欠です。

社会科の時間で地図帳を使う場合はありますが、他の教科での使用頻度は、低いのが現状です。もしかしたら、ほとんど0の場合もあるかもしれません。なんでもそうですが、0なことほど、やればやるほど劇的にかわるチャンスを秘めています。

俳句のコンクールは、全国各地で行われています。ただ俳句を応募するのではなく、

コンクールの都道府県の位置や詳細な市町村の場所を地図帳で確認してみるのです。

すると、その地域の特徴（地理的な情報、特産品等）も確認出来ます。これは、作品づくりの大事な情報にもなります。時間があれば、その地方の方言などを紹介すると、さらに子どもたちの興味は倍増するでしょう。私の経験ですが、方言は子どもに意外と人気です。ときに、方言で俳句をつくる子も登場します。

たとえば、大分県の嬉野温泉でやっている「うれしの百人一句」と言うコンクールがあります。「大分県って、どこにあるんだっけ？」と質問すると、「九州だよ！」と言う声があがります。「九州のどのあたり？」と、さらに質問を重ねます。そこで、東西南北の再確認も図れます。また、地図帳の見方（端に書いてある「Ｂの３」等の利用の仕方）も復習出来ます。大分県の地理がわかれば、次は「うれしの（＝嬉野）」と言う地名を探す活動に移ります。温泉マークを探すいいチャンスになります。地図上のマークは、その土地の理解度を大きく高めます。地図帳は、その土地をたずねるような感覚にしてくれる素敵なツールでもあります。

俳句の応募一つでも、こうやって学習活動は広がっていくのです。地図帳活用の経験が、いつしか大人になったときに、何かの拍子に役に立つかもしれません。国語科でも地図帳活用です。

10

子ども新聞に投句する

一か月の間、本を一冊も読まない大学生が話題になっています。また、新聞をまったく読まない子どもの数も、年々増えている気がします。縦書きの文章を読むのが、国語の授業だけという子も、恐ろしいですが存在しています。

新聞や読書の習慣をつけるために、おすすめなのが、小学生・中学生対象の新聞です。通称「子ども新聞」は、毎日・朝日・読売の各紙から販売されています。実際に手に取り読んでみると、大人でも「なるほど」と思うような記事がたくさん載っています。

この「子ども新聞」の多くに、子どもの俳句の投稿欄があります。選者を含めて、近年充実の一途であることは、意外と知られていない事実です。

宿題や自学でつくってきた俳句を、そのままで終わらせてしまうのではなく、「子ども新聞」に応募するところまでやってみませんか？

多くの子ども新聞は、毎週応募することが出来るので、掲載される可能性が非常に高いです。

俳句を子どもにつくらせると、多くの先生方が感じることですが、意外な子が意外な形で賞に入ることがあります。その子の奥底にあるものが「形」になった俳句は、すごく味のあるいい句である率も高いです。

六月の水たまりとぶ青い傘　小野佑介
冬の蜂ふらふらとんだ空のほう　平山怜
竹馬のなかなか一歩ふみ出せず　石井純玲

投句してみると、そんな子たちがよく入選します。新聞に名前が載ることは、大人が考えている以上に、子どもにとって大きな出来事なのです。自分をよく思える子であってこそ、言葉の力もついてくるのです。このことがきっかけとなり、新聞を読む子が出る可能性もあります。俳句を介して、歳時記や子ども新聞を読む子が出てくると、言葉の力はさらに豊かになっていくことでしょう。

【小学生新聞読み比べ！】http://kodomoshinbun.suppa.jp

11 小さな推敲術

子どもは、つくることだけで満足してしまう場合が多いものです。ダイヤモンドではありませんが、原石を磨く「推敲」がともなうと、子どもたちの作品は、ぐぐっとよくなります。
俳句の推敲は、いろいろとありますが、次のような点を注意するといいでしょう。

① **出来た俳句の中身の順番を入れ替える。**

例　運動会友を追い越すびゅんびゅんと　→　びゅんびゅんと友を追い越す運動会

↓効果的な「体言止め」の勉強にもなります。語順入れ替えは、要約指導にも役立ちます。また、入れ替えることで、伝わりやすくなり、いい表現になる場合も多々あります。

② **「季語」をちがうものにかえてみる。**

↓季語を先にもってくると、季語の説明で終わってしまう可能性があります。

＊説明的な俳句は×

季語をいろいろと試して、これしか当てはまらないと言うような「季語」を探してみましょう。

例　夏空の雲見て思う僕の夢　→　入道雲を見て思う僕の夢

③ **思い切って「助詞」（てにをは）をかえてみる。**

↓短い俳句では、助詞一つで作品がガラリとよくなります。全部に当てはまるわけではありませんが、「が↓は↓の↓や」の順で推敲してみると、一段と俳句らしくなります。特に「の」を上手に使うと、俳句の良さは光ります。

例　夏風でポニーテールが揺れている　↓　夏風のポニーテールの揺れ具合

④ **十回連続で「俳句」を唱えてみる。**

↓結局のところ、言いづらいところが、推敲ポイントです。いい俳句は、口ずさみやすい。（高等技術ですが）関連して**韻をふむ**ことも、慣れてきたら教えてもいいでしょう。

例　夏祭りあの日の夜の僕と君　↓　夏祭りあの日の夜の君と僕

⑤ **誰かに聞いてもらって（見てもらって）チェックする。**

↓友だちでもいいでしょう。親御さんでもいいでしょう。一番いいのは、おじいちゃん・おばあちゃんです。第三者の目や耳でチェックしてもらうと、本人では気がつかないことがわかります。＊季重なりは原則として×　↓あやしいときは歳時記で確認

例　夏風にゆらゆらゆれる風鈴が　↓　夏風にゆらゆらゆれる木立かな

推敲する習慣の定着や推敲ポイントの理解が身についてくると、作文でもその効果は出てきます。あわてずに①～⑤をくり返していくことが肝要です。また、小学校で学習した漢字は「俳句の中では使うよ」と声をかけると、国語辞書を引いたり、友だちに聞いたりするようになります。表現上の意図がない場合は、使える漢字は使って俳句をつくるようにしたいものです。

12

俳句をつくれない子

ここまでは、俳句をつくれる子をベースに話してきました。

俳句をやり始めると、つくるのが苦手な子にかなりの確率で遭遇します。そこがポイントです。職業柄なんとかしよう（なんとかしてあげたい）と力んでしまいがちです。この力みが、子どもの心理とは別な形で指導してしまうことになりかねません。俳句の基本は「あせらないこと」です。つくれなくても目くじらを立てずに、「無理しないでいいよ」のスタンスで、まずはいきましょう。

しかし、無理してつくらせることはしなくても、俳句を集めてもらうことはお願い出来ます。子どもの俳句を出席番号順に並べる係を、お願いするのです。「つくってないのに、俳句を集める係？」と疑問符がつくかもしれませんが、ここに大きな秘策があるのです。私の経験では、この方法により、かなりの確率でつくれない子がつくれるようになりました。具体的な効用は、

◎　**誰かの役に立っている実感とともに、他の子の作品を目にするチャンスが増えること！**

↓つくりたいんだけど、つくり方がわからないという理由が、ほぼ九割です。他の子の作品を出席番号順に並びかえながら、堂々と他の子の作品を見て、自分がつくるときの参考に出来ます。逆転の発想かもしれませんが、つくれない子が集める係をしてみると、ふと何かのきっかけでつくる日がきます。待つことも、言葉の力を高めるためには、必要なことです。

ここ数年、私は俳句を子どもと一緒にやっていますが、つくれない子を「やさしく」待つことが大事だと、毎年思います。決して悪意に満ちてつくらないわけではないのです。

つくらないのではなく、つくれない

季語で毎回悩んじゃう子には、毎回同じ季語でいいよと伝えてください。毎度、同じ季語で悪いことなんてありません。同じ季語で、違う俳句をつくればいいのです。

私の教え子には、かぶとむしが好きで、ずっと季語を「かぶとむし」でつくる男の子がいます。いつも「かぶとむし」です。好きなものを毎回登場させるのも俳句好きにさせる工夫の一つです。

あの空をとんでみたいなかぶと虫
箱の中たいくつすぎるかぶと虫

どちらにしても、俳句をつくれない子が

万が一つくってきたとき

が、最大のポイントになります。出来不出来なんて、まったく問題がありません。こういうときに、「良さ」を拾える準備をしておかなくてはいけません。まずは、出したことで◎です。なおかつ、内容で◎なところがあれば、そっと笑顔で伝えるだけでじゅうぶんです。大器晩成でも、いいじゃないですか。

13

毎日、掲示物を変化させる

意外と出来ないのが、変化のある教室です。四月当初はいいのですが、その後、停滞傾向……。ずっと同じものが貼られていてまったく変わらない教室よりも、ちょっとした変化のある教室づくりはどうですか？

具体的に言うと、一つ目は「季語」を毎日教室に掲示する活動です。輪番制で一～二人ずつ、気に入った季語をＢ４の紙に書いてもらい、毎日重ねて貼っていきます。子どもは実に、その季節で面白そうな季語を見つけて書いてくれます。面白いので、その季語で俳句をつくる子も出てきます。

そして、俳句には難読の季語も、けっこうあります。

たとえば「虎落笛」なんて言葉があります。なんと読むかわかりますか？　冬の季語で「もがりぶえ」と読みます。冬場にぴゅーと風で音がすることが、「虎落笛」です。横に「ふりがな」をつけて掲示してもいいし、クイズ形式にして、朝の会や帰りの会で答えを発表するのもいいでしょう。また、ふりがなを書かない状態で掲示して、朝の会で読み方を発表するバージョンもあります。どちらにしても、子どもたちにとって、言葉を知ることは楽しいことです。

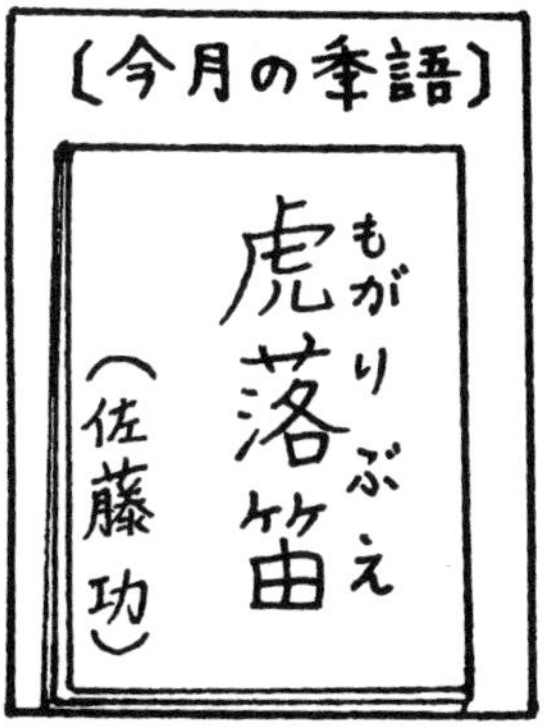

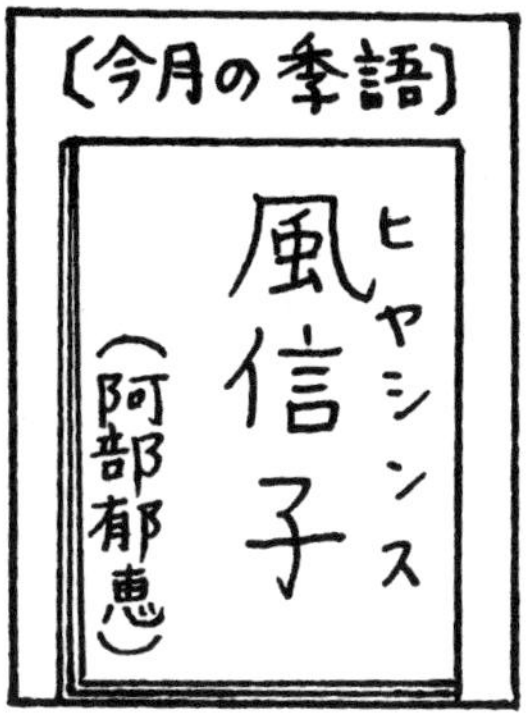

つくってくれた子の名前は、きちんと書けるスペースや（　　　　）を用意することを忘れずに。子どもの文字＋子どもの名前がある掲示物は、教室の雰囲気を和らげる効果があります。

また、一日一句、子どもが有名な俳人の俳句から選んで黒板の片隅に掲示する方法もあります。黒板に書くのが難しいようであれば、校舎のどこかに眠っている古い黒板を探して、それにたっぷり書かせてもいいでしょう。それを朝の会で暗唱するというシステムをつくると、俳句を選ぶ子のモチベーションも違ってきます。その子が選んだ俳句を学級通信に紹介する活動も、こちらの負担が少なく継続出来る方法です。

季語にしても、一日一句でも、つづけることが大事なことです。

言いかえると、言葉の力は、つづける力でもあります。つづけていけば、何かの拍子に以前やったことが、現在の学習につながると気がつくこともあります。やはり「継続は力なり」なのです。

14

【今日の季語】先生もつくる

俳句をつくるようになると、不思議と子どもたちは、穏やかになります。たぶん、自然に目を向ける余裕が生まれるからかもしれません。もしかしたら、自己表現を上手に出来るようになったからかもしれません。どちらにしても、俳句をやって暴れるイメージは浮かびません。

さて、先生方はどうでしょうか？　いろいろなことに追われていませんか？　心の中に、たっぷり余白がありますか？　休日に仕事のことで、ちょっと暗い気持ちになっていませんか？

年々、先生という仕事の中で、「穏やかさ」が失われつつあるように感じます。ゆとりがある方がいいとわかっているけど……と思いつつ、忙殺されてしまう現実があります。いろいろな仕事術等でやりくりしても、心の余白たっぷりとまではなかなかいきません。

全国で学級づくりに俳句を取り入れている先生方と話すことがあります。共通していることは、「ゆったり感」がある先生が多いことです。子どもと一緒に俳句をつくることで、心のゆとりをつくっているように感じます。

もちろん上手な俳句をつくる必要はまったくありません。教職を辞めて俳人として生きていくわけではありませんので、子どもの俳句づくり同様「ゆるく」やってみてください。ゆるくやってみることが、心の余白につながるのです。

学級文庫に置いてある歳時記をぱらぱらめくって、今日あったことを俳句にしてみるのもいいでしょう。ちょっと腹立たしい出来事も俳句になってしまえば、何だか片がついたようにすっきりするので不思議です。よかった出来事は、季語の力も相まって、さらによい思い出になるでしょう。

また、ツイッターでは、毎日一つ【今日の季語】なるものが発表されています。#haiku や #kigo で検索すると、すぐに【今日の季語】がわかります。たくさんの人が【今日の季語】で俳句をつくるので、つくるときに困ったら、他の人の作品を見るだけでも「なるほど！」とお勉強になります。

だまされたと思って、一か月ぐらい俳句をつくってみてください。

月がかわる頃には、季節を感じるアンテナが予想以上に高くなっています。心の片隅に、ちょっとした余裕が生まれていると思います。いらいら感も、春の風に吹かれてどこかへ行ってしまっているでしょう。一緒につくってみませんか？

小春日のふと乗り過ごす駅の数　　純人

春服が職員室を開けにけり　　純人

15

俳句で「人間関係づくり」

俳句での人間関係づくりとは、大きく次の二つのことを意味しています。

① 先生と子どもの関係づくり
② 子どもどうしの関係づくり

まずは①です。四月から学級づくりが始まります。いろいろなことの積み重ねで、関係性を高めていくのが普通です。良さを拾っていくことが、もちろん基本になりますが、前年度に不安定な学級や学年を引き継ぐときは、当初は良さよりも「悪さ」の量が多いことも考えられます。行動から良さを拾うことも大事ですが、作品から良さを拾うことが出来ます。作品の良さは、本人の良さとして伝えられます。俳句で良さを伝えて、人間関係がこじれることはありません。俳句には、絶対的な正解がないので、逆にどんなことでも良さとして伝えられます。

また、継続して俳句をつくり、応募していくと、ひょんなことで「賞」に入ることがあります。賞状なんて一枚ももらったことのない子が、全校朝会等で壇上にて校長先生から賞状をもらう瞬間の手は、いつも小刻みに震えています。この震えは、表には出さないようにしていた「緊張感」

や「うれしさ」なのでしょう。

当たり前ですが、学級は俳句だけでよくなるわけではありません。しかし、安定して良さを拾えるツールをもっていると、先生と子どもの関係性は、大きく崩れることはありません。

一方で、子どもたち同士の人間関係づくりも考えなくてはいけない時代です。残念ながら学級内で、親しい子以外の名前をまったく覚えていない子もいる時代なのです。

俳句では名前を伏せて、誰の作品かわからない状態で選評会をやったりもします。みんなで作者がわからない作品の良さを話し合います。そして、最後に満を持して作者を発表するのです。「誰だろう？」と疑問に思ってから、作者の名前がわかると、不思議と親近感が湧いてくるものです。逆に良さを伝えてもらった側は、言ってくれた子のことをよく覚えています。そう考えると、自分のこと（＝作品）を良く言ってくれた子との関係性は、悪くなりようがないのです。

また、前述の学級通信に子どもの俳句を載せるときに、顔写真入りで紹介することも、関係性をつくる上でとても効果的な方法です。【子ども同士が学級全員の名前を言えること】、今日の学級づくりを成功させる、とても大切な指標となっています。

16

旬や季節を感じられる子へ

学校という場所は、実はよく出来ていて、季節を感じるものがたくさんあるところです。さまざまな行事で季節を感じることはありますが、行事以外にも季節を感じられるところが、校地内にはいっぱいあるのです。ためしに校地内をゆったりと散歩してみてください。すると、季節ごとに変化する木々や草花が、たくさん植わっていることに驚かされます。

正門からスタートして、校舎のまわり、校庭の端っこ、体育館付近と探検してみると、それぞれの場所に何かしら植わっていることに気がつくはずです。開校以来誰かがそこへ植えてくれた隠れた財産なのです。

隠れた財産を見つけて使わない手はありません。

何かの教科と関連づけて、校地内の植物を見る時間を設定してみてはどうでしょうか？

誰が植えたかわかりませんが、本当に校地内は俳句の種がこれでもかとあります。ゲームや携帯に触れる時間が多い子どもたちだからこそ、意図的に実物を見て、自然を感じるアンテナを育てていきたいところです。

先生自身が植物に詳しくない場合は、誰かの力を借りることもポイントです。植物の世話をしてくださっている用務員さんに教えてもらったり、毎日校地内の巡回をしている教頭先生にゲストティーチャーをお願いするのも手です。また、地域に植物に詳しい方がいらっしゃれば教えを請うのも、先生として大事なお勉強になります。こうやって覚えた知識は、その後の教師人生でくり返し使えるものにもなります。

その他にも、校地内に一本「自分の木」を決めて、毎月観察する方法もあります。選ぶ木は、変化の多い木がいいでしょう。「さくら」でも「いちょう」でもなんでもいいですが、変化を継続的に観察することがポイントです。

一か月に一回観察するだけでも、季節の小さな変化に敏感になります。その木と一緒に写真を撮って、教室に掲示したり、観察ノートの表紙に貼ってもいいでしょう。

また、卒業後も自分が観察した木は、思い出の木になります。久しぶりに訪ねた母校で、その木を探すなんて場面は、素敵だと思いませんか？

俳句は、子どもたちから失われつつあるものを取り戻すツールです。その失われつつあるものが、もしかしたら教室内における困難を解決するヒントをもっているのかもしれません。

17

俳句から「言葉」を学ぶ

鞦韆は漕ぐべし愛は奪うべし　三橋鷹女

三橋鷹女という女性がつくった俳句です。「愛は奪うべし」のリズムがいいですね。その一方で、「鞦韆」をなんて読んだらいいのか、ちょっとわかりにくい。

コミュニケーションでは、簡単な言葉で伝え合うことが大事なことです。しかし、だからと言って難しい言葉は知らなくてもいいわけではありません。難しい言葉を知って、その上で簡単な言葉に直せる力も大事な言葉の力です。

俳句は、短い中にも難しい言葉が出てきます。子どもは、大人が難しいと感じる言葉に、予想以上に興味関心をもちます。

今回の「鞦韆」は、「秋（しゅう）」や「遷（せん）」と、漢字のパーツから読みにたどり着ける熟語です。つまり、読みは「鞦韆（しゅうせん）」です。

「鞦韆」の読みがわかったところで、次は意味です。どんな意味なのだろう？　と疑問に思います。漕ぐものだから……？

みんなで国語辞書を使い調査です。しかし、子どもの辞書では、載っていないかもしれません。すると、先生がおもむろに広辞苑を学級文庫から出し調べます。その姿は、子どもたちへの大きなメッセージとなります。先生の行動自体が、影響力の大きい言語環境になるのです。

鞦韆　＝　ぶらんこ

「ぶぶぶ、ぶらんこ?!」と子どもたちは驚きます。そんな日は、宿題で保護者に【鞦韆】の「読み」と「意味」をクイズ形式で聞いてくるなんていうアウトプットの活動を入れてみましょう。（＊こんな宿題は、保護者会でちょっと苦情を言われてしまうかもしれませんが……いいのです笑）

仕上げとして、次の日までに雨に負けないように「鞦韆」を少し大きめにパウチして、「なんて読むの？」とブランコのあたりに貼っておけば、その学校で「鞦韆」は、学年を問わず広まるはずです。

ちなみに「鞦韆」は、「秋」と言う漢字が入っているにもかかわらず、「春」の季語です。また、「ぶらんこ」は、ポルトガル語が語源？　なんて説もあります。一つのことからスタートして、そのほかのことと関連づけて学ぶことで、効果は倍増です。

18 俳句療法という分野

俳句を子どもと一緒にやっていくと、どきっとする俳句に出会うことがあります。たとえば、俳句の中にお亡くなりになったお父さんが登場したり、ご家族の関係で遠くにいる妹が出てきたりすることがあります。

子どもと俳句をつづけている方なら、一度や二度は経験されたことがある現象です。正直、なぜ登場するのか？　深い理由はわかりません。経験上、なんの前触れもなく、突然登場することが多いのが、特徴と言えば特徴です。

とても「かなしい俳句」かと言うと、そうでもありません。自然と俳句の中に、登場しています。つまり、その子にとっては、必要だから登場させているのだと思います。

学校の勉強は、どうしてもインプット的なものが多くなってしまいます。少しずつ増えていると言っても、アウトプット的なものは、まだまだ少ないのが現状です。その中で、「俳句」は、短いながらもアウトプットが出来る貴重なツールです。

子どもは、子どもなりに闇を抱えています。自分ではどうすることも出来ないことを、心に秘めながら学校に来ている場合もあるのです。だからこそ、表現の中で出せることは、とても意味のあることです。

どきっとした俳句だから、理由を何かと無理に聞く必要はありません。しかし、よりどきっとした俳句に「目」を向ける意識はもっていたいものです。俳句が知らせてくれたことなのだから……。

子どもに俳句指導をしている先生は多いですが、一年間通しての作品をまとめている先生は、実はそう多くはありません。一年間通してまとめてみると、言葉の獲得具合や、人間としての成長具合も知ることが出来ます。高学年や中学校など、ゆれる年頃であればあるほど、効果があるはずです。一枚の紙に毎月記録をして、最後にその紙を印刷して、世界に一つだけの素敵な学級句集をつくってみませんか?

俳句は、短いです。短いからこそ、伝えたいことが如実に出るとも言えます。

子どもの作品から、その子の本当の姿や悩みを、ふと感じられる先生であって欲しいと思います。

学級句集をつくろう

19

世界に一つだけの「誕生日俳句」

俳句の基本的な考えの一つに「ことほぎ」というものがあります。漢字では「言祝ぎ」と書きます。意味は、字の通り「言葉によって祝福すること」です。

子どもたちの誕生日に、「おめでとう」と言うことも一つの「ことほぎ」です。しかし、口で言うだけは、ちょっともったいないです。何か形に残せれば◎です。

とある年に、教え子の誕生日には、その子らしい俳句をプレゼントしたことがあります。

私は、けっして俳句が上手なわけではありませんが、その子の良さやその子の雰囲気をよく表している季語や言葉を紙に書き出すことは出来ます。その言葉を一生懸命つないでいくと、その子らしい俳句が気がつくと出来上がります。所見を考えるよりも、自然と出来上がるから不思議なものです。

春日向瞳の澄んだ子を見つけ

団栗の手のひらに載る優しき日
蹴り上げしボールは空や虹の橋
パレットに心をのせて夏の色
空青き春を耕し君は行く
さしのべる手のひら広き夏の空
笑ひ声つつみし今日の日向ぼこ
秋桜を栞がはりに挟みけり
やさしさは鏡に映る冬日向

俳句は、「ことほぎ」を届けることの出来る便利なツールです。


この祝句は、教え子の良さを再確認するには、もってこいです。

俳句には、想像させる部分もありますので、その子の良さはいろいろと広がります。

もしよかったら来年度からやってみてください。あったかい学級の土壌づくりになるでしょう。

20

行事俳句（遠足・運動会・修学旅行）

子どもたちが心から楽しみにしている行事は、格好の俳句のテーマになります。「運動会」「遠足」自体が、季語になっているぐらい俳句になりやすいものです。

転ぶ子を巻く土ぼこり運動会　嘴　朋子
遠足のおくれ走りてつながりし　高浜虚子
ピストルの音高らかに秋の空　新井智也
あと少しゴールテープに秋の風　池田祐香
遠足の見上げた空の青さかな　永吉いずみ
遠足のしおりに天気書きにけり　小谷優

ちなみに、一応季語の世界では、運動会【秋】、遠足【春】となっています。しかし、学校行事の実施時期に、ここ数年変化が見られるので季節にとらわれず、使っていいと思います。

さて、具体的にどのようにつくるかと言うと、ポイントは具体的&細部にこだわることです。

運動会、遠足と言う言葉自体にイメージがあるので、運動会や遠足を説明する必要はありません。具体的な出来事や地名・種目を入れると、より味わいのある俳句になるでしょう。

つくった俳句はそのまま掲示してもいいですが、図工とからめると、より効果的になります。遠足の絵に俳句をコラボレーションするだけ、絵のもつ訴える力とつむいだ言葉が、作品性をさらに高めてくれるはずです。意外とやられていないので、保護者会前等に取り組んでみるといいでしょう。また、事後学習だけではなく、事前学習として俳句を使うことも可能です。たとえば、修学旅行で行くところの地名や建物名、または名所や特産品や食べ物を入れてつくると、実際に目にしたときの感動が数倍になるはずです。最近は、修学旅行にカメラを持って行くこともあるので、写真俳句として、模造紙に写真＋俳句を掲示するのです。そうすると、自分たちだけではなく、次年度の後輩たちにも役立つ一石二鳥の掲示物になります。

二条城鳴き声聞こえ秋終わる　諸井みなみ（京都二条城）

三猿の動かぬ体冬の風　矢部眞子（日光東照宮）

俳句づくりの秘訣は、大人も子どもと一緒にやることです。先生がつくるのなら……と張り切る子もいるはずです。校長先生がやるのなら！　と言って頑張る子もいます。大人も子どもも同じ土俵でやることが出来るのも、俳句の良さの一つです。

家に着くまでが「遠足」とは言わず　純人

俳句暗唱プリント　一学期版　　年　　組（　　）名前

合格数 ↓

01	ちぐ	ちぐはぐの下駄《げた》から春《はる》は立《た》ちにけり		小林一茶《こばやしいっさ》	☆☆☆☆☆
02	かま	鎌倉《かまくら》を驚《おどろ》かしたる余寒《よかん》あり		高浜虚子《たかはまきょし》	☆☆☆☆☆
03	きさ	如月《きさらぎ》の日向《ひなた》をありく教師《きょうし》かな		前田普羅《まえだふら》	☆☆☆☆☆
04	そつ	卒業《そつぎょう》の兄《あに》と来《き》てゐる堤《つつみ》かな		芝不器男《しばふきお》	☆☆☆☆☆
05	てら	寺子屋《てらこや》に傘《かさ》多《おお》し春《はる》の泥《どろ》		松瀬青々《まつせせいせい》	☆☆☆☆☆
06	なが	永《なが》き日《ひ》や欠伸《あくび》うつして別《わか》れ行《ゆ》く		夏目漱石《なつめそうせき》	☆☆☆☆☆
07	ぱん	パンにバタたつぷりつけて春《はる》惜《お》しむ		久保田万太郎《くぼたまんたろう》	☆☆☆☆☆
08	にん	人間《にんげん》に火星《かせい》近《ちか》づく暑《あつ》さかな		萩原朔太郎《はぎわらさくたろう》	☆☆☆☆☆
09	ねん	念力《ねんりき》のゆるめば死《し》ぬる大暑《たいしょ》かな		村上鬼城《むらかみきじょう》	☆☆☆☆☆
10	よわ	夜《よ》は秋《あき》やひやりとふれし椅子《いす》の肘《ひじ》		臼田亞浪《うすだあろう》	☆☆☆☆☆
11	きゆ	消《き》ゆる時《とき》虹《にじ》青色《あおいろ》をのこしけり		軽部烏頭子《かるべうとうし》	☆☆☆☆☆
12	たえ	絶《た》えず人《ひと》いこふ夏野《なつの》の石《いし》一《ひと》つ		正岡子規《まさおかしき》	☆☆☆☆☆
13	なつ	夏川《なつかわ》やどこかで笛《ふえ》を吹《ふ》いて居《い》る		幸田露伴《こうだろはん》	☆☆☆☆☆
14	ばら	バラ提《さ》げてそのバラよりも人《ひと》映《は》ゆる		久米三汀《くめさんてい》	☆☆☆☆☆
15	いな	稲妻《いなずま》や白《しろ》き茶《ちゃ》わんに白《しろ》き飯《めし》		吉川英治《よしかわえいじ》	☆☆☆☆☆
16	なし	梨《なし》を食《く》ひ終《お》わつて夜《よる》はひとりのものと知《し》つた		萩原蘿月《はぎわららげつ》	☆☆☆☆☆
17	ごぼ	ごぼごぼと薬《くすり》飲《の》みけりけさの秋《あき》		尾崎紅葉《おざきこうよう》	☆☆☆☆☆
18	しん	新涼《しんりょう》や白《しろ》きてのひらあしのうら		川端茅舎《かわばたぼうしゃ》	☆☆☆☆☆
19	あき	秋《あき》の昼《ひる》妻《つま》の小留守《こるす》をまもりけり		日野草城《ひのそうじょう》	☆☆☆☆☆
20	なき	泣《な》きやまぬ子《こ》に灯《とも》すや秋《あき》の暮《くれ》		河東碧梧桐《かわひがしへきごとう》	☆☆☆☆☆
21	よそ	よそに鳴《な》る夜長《よなが》の時計《とけい》数《かぞ》へけり		杉田久女《すぎたひさじょ》	☆☆☆☆☆
22	あき	秋風《あきかぜ》や模様《もよう》のちがふ皿《さら》二《ふた》つ		原石鼎《はらせきてい》	☆☆☆☆☆
23	せん	先生《せんせい》と話《はな》して居《お》れば小春《こはる》かな		寺田寅彦《てらだとらひこ》	☆☆☆☆☆
24	とう	東京《とうきょう》へ返《かえ》り事《ごと》書《か》く四温《しおん》の夜《よ》		大場白水郎《おおばはくすいろう》	☆☆☆☆☆
25	ふゆ	冬《ふゆ》の日《ひ》のわが影《かげ》を置《お》く都《みやこ》かな		佐藤惣之助《さとうそうのすけ》	☆☆☆☆☆
26	しご	四五人《しごにん》にしぐれかゝるや紙芝居《かみしばい》		増田龍雨《ますだりゅう》	☆☆☆☆☆
27	はる	春待《はるま》つや空美《そらうつく》しき国《くに》に来《き》て		佐藤紅緑《さとうこうろく》	☆☆☆☆☆
28	ふゆ	冬山《ふゆやま》やどこまでのぼる郵便夫《ゆうびんふ》		渡辺水巴《わたなべすいは》	☆☆☆☆☆
29	そら	空色《そらいろ》に水《みず》飛《と》び飛《と》びの枯野《かれの》かな		松本《まつもと》たかし	☆☆☆☆☆
30	かる	かるた切《き》る心《こころ》はずみてとびし札《ふだ》		高橋淡路女《たかはしあわじじょ》	☆☆☆☆☆

第3章

言葉の活動で学級づくり

1

言葉の活動で学級をつくる

言葉の活動を中心として、学級づくりをしました。
そのときは、次のようなめあてを立てていました。

① 言葉を大切にしようとする。
② 善なる言葉、心地よい言葉を知り、使おうとする。
③ 言葉に感じて、心を動かす体験を多く持つ。
④ 自分の思いを言葉で表現しようとする。

これらのめあては、授業の中だけで達成できるものではありません。子どもたちの学級や家でのくらしの中でこそ、言葉は生き、心が育っていくものなのですから。したがって、国語学習で学んだことや考えたことが、ふだんの生活の中でどのように根付いていくか、という学級指導と密接に関わったものとして考えていかねばならないのです。

そこで、子どもたちが、自分の思いを少しでも本音で語れる作文指導に力を入れました。また、子どもたちと教師自身が十分に付き合いながら、子どもの個々の表情の変化や子どもたち同士の関係づくりなどに心を配って学級づくりをしました。

人への言葉のかけ方・使い方を学習しても、なかなか、それがそのまま子どもたち同士にすぐ活かしきれるというものではありません。

「こんなことが『やさしい言葉がけ』だよ。」

と発表する子どもが、

「○○ちゃんって、人のもの盗ったりするんだよ。」

などと嘘の陰口をたたいたりするものなのです。

しかし、そういう子どもたちであっても、

言葉の学習
←
学級指導・関係づくり
←
言葉の学習

の繰り返しを通して、心が育っていくものだと信じています。

言葉には、力があります。言葉の力を認識して、それを学級づくりに活かしていくことは、子どもたちの将来にも大きく影響していくことだと思っています。

なぜなら、言葉は、はっきりと残っていくものだからです。

2

授業開き、言葉の力を活用

授業開きのときに、言葉の持つ力を活用します。

まずは、各担任の挨拶です。挨拶は言葉です。子どもの心に残る言葉を使いましょう。

ある年に僕の話したことをそのまま書きます。


「みなさん、こんにちは。

先生の名前は、多賀一郎と言います。新しく二年生と出会って、とても緊張しています。

みんなやS先生は持ちあがりで、クラスもいっしょだから、そんなに緊張することはないでしょうね。先生は、めちゃくちゃ緊張しています。緊張して、うまくしゃべれません。＃＄％&◆◇&％＄＃＄％&○●（と、わけの分からないことを言って、笑いをとる。）

多賀先生はなんだか怖そうだと思う人もいるでしょう。心配しなくても、怒ることははっきりしてるから、分かりやすいですよ。これから、楽しくやっていきましょうね。先生の緊張も、早くなくなったらいいのにな。

ところで、先生よりも、もっともっと緊張している人が、一人だけいるんだけど、分かるかな。

そうです。転校生のK君ですね。

Ｋ君は、まだここには仲良しはいません。名前もほとんど分からないんです。友だちは、これから作っていくんです。学校のこともなんにも分からない。先生が言ったことで、みんなは分かるけど、Ｋ君だけ分からないことが、あるかも知れない。

そんなとき、君たちだったら、どんな気持ちがするかなあ。

たった一人で緊張してここにいるＫ君が、これから気持ちよく暮らしていけるかどうかは、君たちしだいなんだよ。

君たちにまかせていいですか。（もちろん「いいよ」の連呼）

ありがとう。よろしくたのみますよ。」


このときのキーワードは「緊張」でした。持ちあがりでクラスの仲間としては固まってしまった二年生に転入してくる子どもにどうするかを、子どもたちに「緊張」という言葉で訴えたものです。二年生には分かりにくい難しい言葉ですが、この後、

「先生、Ｋ君、まだ緊張してるんだね。」

「僕らも、多賀先生に緊張してる。」

というような言葉が出てくるようになりました。

3 挨拶指導は人への姿勢

挨拶は、単に言葉を交わすことだけではありません。人と人との大切なコミュニケーションのきっかけです。挨拶の意味をしっかり考えさせて、心をこめた挨拶につなげていきたいものです。気持ちの良い挨拶の飛び交う教室が大きく崩れることは、ありません。

●目上の人への挨拶

まずは、先生から子どもに挨拶するべきだと、おっしゃる方もいらっしゃいますが、本当は反対なのではないでしょうか。つまり、目下の方から先に挨拶できるように指導していくことが、大切だと思います。上下関係は日本の社会において大切です。きっちりと、子どもから挨拶するように指導したいものです。そのために、次のような授業を仕組みました。

①「目上の人」って、どんな人か考えよう。

具体的に考えさせたい。……先生、親、高学年、学校へのお客様
そうじのおばさん、管理員さん

特に学校で出会う目上の人は確認する。

②　**自分たちが目上の人よりも先に挨拶しているか、考えさせる。**

・目上の人よりも先に挨拶している人は、どのくらいいるかな。
・目上の人よりも先に挨拶した方がいい。どうしてだと思いますか。
・なぜ、先に挨拶できないいか、考えてみよう。
・二人一組になって、目上と目下になって、挨拶の練習。
＊次の日に、必ず、昨日できたかどうかを確認すること。

③　**さらに具体的に練習する。**

・廊下で出会った人には、どう挨拶するか。
　友だち　先生　学校の人　保護者の人　お客様
・職員室の入り口では、どうするのか。
・朝、教室に先生が入ってきたとき……朝イチの出会いをどうするのか。
・朝、教室に友だちが入ってきたとき、どうするのか。

④　**表情の大切さを知る……手鏡を用意して。**

・どんな顔して挨拶しているか、考えよう。

・いろいろなパターンでやってみる。

○横向いて言う

○下向いて言う

○怒った顔で

○笑顔で

・笑顔で挨拶の練習を鏡に向かってする。

⑤ どういう言葉を使えば良いか考える。

知っている相手には名前を入れて

「○○先生、おはようございます。」

「××くんママ、こんにちは。」

4 あいさつ横綱をめざせ

これは、いろいろな挨拶指導を具体的にした後で、自己評価のカードを持って、自分で達成できたかどうかをチェックするものです。

最初の「十両」は、自己評価だけで認定証を渡していきます。二枚たまれば、「幕内」に昇格です。

続いて、「幕内」のカードからも基本は同じで、自己評価が中心です。こういう自己評価でステップアップしていくと、「ごまかす子どもが出てくる」と、懐疑的な先生もいらっしゃるでしょう。

いますよ、ごまかす子ども。でも、ごまかしを続けていくと、どこかで矛盾にぶつかるのと、後ろめたい気持ちがずっとついて回ります。

そこで、子どもたちは考えざるを得ないところに自ら入り込んでいくのです。

あいさつ横綱をめざせ	十両	名前	月日
レベル１	自分なりの大きな声であいさつできた。		
レベル２	さわやかに返事ができた。		
レベル３	自分からあいさつができた。		
レベル４	職員室でのはじめと終わりのあいさつができた。		
レベル５	いい笑顔のあいさつができた。		
レベル６	目上の人に名前を入れてあいさつができた。		

幕内が三枚たまれば、「小結」、そこからは、自己評価して「できた」と言って来たら、ホームルームの時間にクラスの全員に認めて良いかどうかをたずねます。

全員にOKがもらえれば、次に昇格できます。

「Aさんは、いつも自分から挨拶をしていると思います。」

「Bさんは、ちょっと声が小さいかな。」

というような言葉も出てきます。

子どもたち同士は、お互いに挨拶を交わしているので、その子が自ら挨拶をしているかどうかを判断できるものなのです。

◎挨拶は目的・相手意識が大切

よき返事や挨拶は自分自身の気分も高揚させて物事への取り組み方も変わってきます。挨拶のできない子どもは、問題行動につながる場合も、ときどき見受けられるのです。

だからと言って、ただしているだけの挨拶は子どもの心を育てません。生活態度にひびかないのです。子どもたちが自ら「なんのために誰に挨拶をしているのか」という目的意識と相手意識とがなければ、意味がないと考えています。

そこで、挨拶の一つ一つの意義とその仕方を国語の時間に理解させながら、行動へとつなげていくのです。

5 漢字一文字で抱負を語る

よく学期の始まりに「今学期のめあて」を書かせますね。

めあては立てっぱなしでは意味がありませんが、毎学期に新しい抱負を言葉にすることは、大切なことでもあります。

漢字一文字で抱負を書かせます。

自分の抱負にあった一文字をうまく見つけるのは、けっこう難しいものです。漢字辞典などを活用させて、考えさせます。

それらを筆ペンなどで大きく書かせて教室に掲示しておくと、それだけで教室のレイアウトにもなります。子どもたちはお互いの文字をけっこうよく見るものです。これが、文章で「そうじをまじめにする」「人にやさしくする」等と書いて掲示していても、あんまり熱心に読みませんが、漢字一文字だと、

「なんで『勤』って字なのかな？」

「『優』という字は、どういう意味で使っているの？」

というように、ちゃんと見る子どもが増えます。それだけでも、学級づくりにつながっていきます。

6

マイ・スターで言葉を使って認める

マイ・スターは、僕の造語です。

一つは、ドイツなどの一流の職人に与えられる「マエストロ（マイスター）」という称号のことです。その方面においては、第一人者だということを表します。

もう一つの意味は、「マイ（私の）スター（星）」ということで、輝いている自分というものを認めようということなのです。


教室の掲示のレイアウトを宇宙空間に見立てます。

火星や土星などの天体があったり、宇宙戦艦ヤマトがあったり、「スター・トレック」のエンタープライズ号があったり、宇宙人やロケットが飛び交ったり、というようなスペースを掲示板に作りだします。

そして、子どもが何か良いことをしたら、それを言語化して認めます。

「友だちの手助けをしたから、『お助けマイスター』。」

「泣いている一年生を学校まで連れてきてくれたから、『親切マイスター』。」

というように。

雑巾の絞り方など、そうじの上手な子どもには、「おそうじマイスター」。

ノートをていねいにきれいな字でまとめて書いていたら、「ノートマイスター」。

計算プリントの100点が十回になったら、「計算マイスター」。

音読がいつも上手なら、「音読マイスター」。

というように、子どもの優れたところもどんどん認めていきます。


それらを黄色い画用紙を星印に切り抜いたものに、「○○マイスター」と書いて、宇宙の掲示物のところに貼っていきます。


マイ・スターを認定するのは、初めのうちは教師ですが、そのうちに子どもたちから
「長瀬くんは、親切マイスターだよ。」

とか、

「健ちゃんは、お笑いマイスターだと思います。」

とかいうような言葉が出てきますから、それもとり上げていって、先生も認める、クラスの仲間も認めるというものにしていきます。


さらに、レベルアップした子どもには、金色の色紙にスーパーマイスターとして書き、貼りだします。

教室がマイスターでいっぱいになってきたら、学級も育ってくるようになります。

7

「バカヤロー」で、デトックス

「バカヤロー」の詩で、思いを強く言葉で表します。

乱暴な子どもたち・激しく殴り合う子どもたちの姿に、子どもの思いをきれいな言葉だけでなく、激しい言葉で吐き出すことも必要なのではないかと考えるようになりました。

そこで、「バカヤロー」の短詩づくりです。

形式は自由ですが、タイトルは「バカヤロー」。

腹の立つことをなんでも良いから、思いっきり表現させてみました。

表現は、吐き出しです。

心にはガスぬきがいります――「正義」「友愛」「思いやり」「正直」などは学校で大切にしていくべきことです。だが、それだけで進めていくと、子どもはついていきにくくなるのです。誰でも心の中には闇があり、毒ガスもたまっていることを考えておかないといけません。

■

日ごろ、大人しい、いわゆる優等生からこんな言葉が出てきます。

なぐりやがって　　バカヤロー！

けりやがって　　バカヤロー！

勉強なんてなくなってしまえ　バカヤロー！

8

家族俳句・川柳で親子の交流

俳句や川柳を使っての交流です。家族との交流。

今どきの子どもたちは、俳句・川柳の元となる五音・七音・五音のリズムに囲まれて育っているわけではありません。

ですから、最初はいろいろな俳句や川柳を音読させて五七五音のリズムをつかませます。

続いて、いろいろな教科の学習の後の感想で、川柳を使って表現させるようにします。

そうやって、子どもたちに川柳や俳句のリズムが定着してきたら、おうちの方も書いていただけませんか？　というように募集します。

すると、詩心のある方、ユーモアのある方から、いくつもの俳句や川柳をいただきました。

そのうちのいくつかをセットにして、通信に載せました。

かがやき　№22

甲南小4年　通信

２００4年5月２０日

●家族で同じときに同じ経験をしてひとつの句を作る。これは、ともに生きる家族としてすてきなことですね。

たんぽぽのわたげをとばしあそんでる
　　　　母
　＊5月3日の日にポートピアホテルにとまって、近くの南公園でお母さんとお父さんとバトミントンをして、お昼ごはんをそこで食べてたら、たんぽぽのわた毛があって、それをつんでわた毛を飛ばして遊びました。

たんぽぽとたわむれる子をデジカメで
　　　　父

さわやかなさつきのそらにわたげとぶ

●「ああ、あるある。そんな経験したことあるよ。」ということです。ほんのちょっとした心の動きを、感じたことを、そのまま表せばいいのですね。

　　　　兄
せきしすぎしたばらいたいよまいっちゃう
　　　　妹
お母さん夜はつかれてきげんわるい

9

つぶやきを学級で活かす

子どものつぶやきをどう扱っていますか。

「必ず手を挙げて発表するように指導している。」

という方もいらっしゃるでしょう。その場合、「つぶやき」は、無視されるのでしょうか？　それとも、否定されるのでしょうか？


僕が以前勤めていた小学校は三年生以上が教科担任制で、六年生で二つのクラスの国語と社会を教えていたときのことです。二組は、僕の担任していないクラスですが、僕が発問すると、全員手を挙げて発表します。それに対してわがクラスは、僕の発問に対して、ほとんどつぶやきで進行していきます。

子どもには、ぼそっとしか言わない子どももいるのです。手を挙げて発表するというクラスのルールは大事だけど、つぶやきをとらえられないと、授業は動きません。


うちのクラスに絶対に手を挙げて発表はしないんだけど、知識が豊富で、

「ちがうよ、それはこういうことなのに……。」

と、ぼそぼそ言う子どもがいます。

「手を挙げて、改めて言ってごらん。」

と言ったら、怒ったように「もういい」なんて言います。

でも、この子は、子どもたちの視点を変えるようないいことをぼそっと言うんですね。

自信がなくて、小さな声でぼそっとしか言えない子どももいます。でも、こういう子どもが大きくみんなの考えを変えるすごいことをつぶやいたりするんですね。

隣のクラスで国語の授業をしていたときのことです。

そのクラスには灘中学校と神戸女学院に行ったそれぞれ成績の優秀な子どもがいたのです。

このクラスの子どもは、その二人が意見を言うと、「なるほど」と黙ってしまって、みんなその考えになびいてしまっていました。

そのときも、二人が真っ先に意見を言ってしまって、僕は「間違ってるのになあ。いいのかなあ」と思っていましたが、子どもたちは納得してしまったのです。

すると、一人のいつも変なことばかり言っている子が、ぼそぼそと正しい答えを言いました。それを受けてもう一人が「僕もそう思うけど……」と同調しました。

ところが、ほかの子どもたちは、「あほやなあ、こいつら何考えとんねん」みたいな感じで、その子たちを馬鹿にしたのです。

僕は「チャンス」だと思いましたね。あえて、

「じゃあ、今言ったことが正しいと思う人。」

と、手を挙げさせました。その二人と、もう一人、灘中へ行った子が意見を変えて手を挙げました。

教室内に一瞬「えー」という空気が流れました。

そこから、なぜこの考えが正しいかという授業へつなげて、もう一度子どもたちが自分で考え直すことができました。

先生が

「正しくは……なんだよ。」

と教えていただけでは、この場合、学びはなかったろうと思います。

そして、その後子どもたちに話したのは、

「だれだれが言うから正しい、だれだれが言うから間違っているということはなくて、正しいかどうかを自分で考えていくことが大切だと分かったでしょ。」

ということです。

ところで、つぶやきは良いのだけど、雑音はいけません。授業のじゃまになります。

雑音とつぶやきは、紙一重の差なんですね。そこは見極めていかなければいけません。

10 すてきな自分、いい自分をしていますか

一週間の始まりの朝、自分の先週の姿を振り返らせます。具体的な言動を言葉で振り返っていくことで、自分の課題が見えてきます。

乱暴な子どもたちが集まっている学年を担任したときの手だてです。

この年の四年の子どもたちはやんちゃで、音楽室の机を投げ合って「ガッシャーン」と大騒ぎになったり、顔を蹴られてあざが残ったり、ケンカが原因の骨折があったりしました。殴り合いは日常茶飯事でした。

言葉の使い方も激しくて、言葉そのものが乱暴であるだけでなく、投げつけるような言葉の使い方をしていました。

噂の子どもたちを担任したとき、僕は子どもたちの目はきらきらと輝いていることに気づきました。

「荒れているのではない。どうパワーを使ったら良いのかが、分からないんだな。」

と、思いました。そして、ものすごく自我の強い子どもたちの集まりでした。

そういう子どもたちだからこそ、自分で自分を振り返らせていくことが必要だと考えたのです。

14	遊び	天気のよい日は友達をさそって外で遊べる。雨の日には走りまわらないで遊べる。		
15		遊びに「日がわり」メニューを持っている。		
16		どんな友達とでもいっしょに遊べ、気持ちよく遊べるように努力する。		
17	そうじ	そうじの時刻になったら、急いでそうじ場所に行く。		
18		まかされた場所をきれいにそうじできる。		
19		そうじのふくそうがきちんとできている。		
20	お帰り	教室を出る前に何か一つよいことができる。		
21		きちんと２列に並んで下校できる。		

振り返りチェック表

「すてきな自分」「いい自分」をしていますか			○	△
1	登校	登校のとき、歩くとちゅうや電車・バスなどで安全に心がけ、人にめいわくをかけない。		
2		朝、出会った友達・先生・知っている人に、明るく元気な声で「おはようございます」が言える。		
3		友達が元気よく登校してきていることを喜び合える。		
4	朝の生活	朝会までに自分で気づいた所をきれいにできる。		
5		提出物をきちんと出せる。		
6	学習とその準備	チャイムが鳴ったらすぐに遊びをやめて次の学習への心がまえができる。		
7		学習の中で自分で一生けんめい考える。		
8		先生の話を最後まできちんと聞ける。		
9		友達の発言を、言い方がまずくても、何が言いたいのか考えて聞き取ることができる。		
10		自分からすすんで発表することができる。		
11	食事	手洗いをしてきちんとした身なりで待つことができる。		
12		まわりの人に不快感をあたえることなく食事ができる。		
13		決められた時間内に食事ができる。		

11

川柳で思いを語る

川柳は、短い言葉で語られるものなので、子どもの思いがよく分かるものだとは言えません。しかし、川柳のような短詞の表現には、子どもの個性があふれます。その子の思いが垣間見えるものなのです。

それらをお互いに読み合うことで、心の交流がはかれます。お互いを理解しようという土壌を養成することができるのです。

川柳を一年間の中心として考えるため、国語の最初の授業では、俳句と川柳の基本を教えます。そして、僕の作った川柳を子どもたちに示します。

・ありがとういつも窓しめ本田くん

・ゆうだいの頭さわると気持ちいい

・なんとなく話しにくいか先生に

解説文をつけて、川柳を説明することも教えます。そして、自分たちでも書いてみようと進めます。

最初のお題は「先生に言いたいこと」。

続けていくうちに、ちらほらと子どもたちの本音がでてくるようになります。

（＊は、解説文）

東京は行く所だとパパがいう

＊東京にたんしんふにんしているパパは、おうちに帰ってきているときに私が、「いつ東京に帰るの」と聞くと、「東京は帰る所じゃない。行く所だ。」と言います。

こうした友だちの思いを少しでも共有することが、学級を育てていくことにつながります。

ともだちはみんな大好きでもけんか

＊私は、ともだちは、みんな大好きです。でも、ときどきけんかするから、これを書きました。私も、大好きなのに、けんかをしたらいやになるというとがふしぎです。これからも、ともだちをもっともっとふやしたいし、なかよくなりたいです。

ともだちとけんかをしたらなかなおり

＊たまにともだちとケンカをしたら、次の日に「ごめん。」とあやまらないと、ともだちがいなくなりそうだから、こういう川柳を書いてみた。

12

美しい文章・言葉は、クラスの背景となる

僕はよく、学級の背景という言葉を使います。教室に美しい文章や言葉を持ち込むことは、学級の背景、バックグラウンドとなって、子どもたちに影響していきます。

聴いているだけでも心地よい言葉は、子どもたちの心を育てます。

また、心地よい言葉や美しい言葉は、美的感受性を高めます。数学者の藤原正彦さんが、「がん学会で文学と数学は美的感受性が大切なんだという話をしたら、がんの研究者たちが、『私たちの分野でも、やはり美的感受性がもっとも重要です』と言われた。」と書いておられました。

化学者も同じことを言うそうです。

数学者や化学者が、みんな美的感覚が大事だと言うわけです。それって、なんなのでしょうか。

われわれ教師が、強く認識すべきことなのです。

美しい言葉の体験が高めた、美的感受性というものが、文学だけでなく、科学の世界においても大切になる、ということなのです。

その自覚を持ちましょう。

そういう美的感覚を育てる上でも、美しい言葉を子どもたちに暗唱させるということは、意味があると思っています。

六年生では、坂村真民さんの「なにかわたしにでも　できることはないか」という詩を用いました。

「清家直子さんは　　ある日考えた
彼女は全身関節炎で　　もう十年以上ねたきり
医者からも見放され　　自分も自分を見捨てていた
その清家さんが　　ある日ふと　　そう考えたのである」

という一節から始まるすばらしい詩です。「何かわたしにもできることはないか」という思いが、点字の訳につながり、その活動が清家さん自身の体を変えていき、世界が変わっていったという事実を元にした詩です。

この詩は、読むだけで、子どもたちの心をひきつけ、子どもたちの心に灯をともしました。

人に優しくしなさいといくら言っても、教師の言葉ではなかなか子どもの心にひびくものではありません。でも、文章や詩などの作品ならば、案外、子どもの心にすっと入っていくものです。

教室に心をゆさぶる美しい文章を持ち込みましょう。それが、子どもたちの美的感覚を育てて、美しい心を大切にして、醜い心を自然と避けるようになる心を育てます。それは、学級を育てていく上での、ベースみたいなものになると、僕は信じてやってきました。

教室に持ち込みたい詩をいくつか紹介します。

■「友達」　ビートたけし

＊友だちの在り方について、たけし風にすっきりと言い切っている詩。

■「学級信号」　深澤義旻

＊「『考える』とは新しい発見をすることだ。自分の頭を使い、自分の言葉でものをいうことだ。」で始まるこの詩は、学級をどうしていけば良いのかと、子どもたちに問いかけていくことのできる詩。

■「心に太陽を持て」　フライシュレン、山本有三訳

＊子どもたちの心を励ますものとして、ぴったりの詩。

■「けんか」　さくらももこ

＊大勢相手に一人でけんかした女の子の気持ち、おうちの人への思いを見事に表した詩。

■「ともだち」　須永博士

＊友だちを大切にする人と、傷つける人、「あなたはどちらをする人になりますか」と問いかける詩。

13 学級を育てるのは、教師の言葉である

教師は最大の言語環境です。

教師の言葉は重くて、子どもたちの考え方に大きな影響が出ます。自分自身の言葉が、良くも悪くも学級を育てるのだということを自覚しなければなりません。

①　哲学のない教師の言葉が子どもの上をすべっていきます。
②　生き方と合わない言葉のはしばしに、ウソが見えてしまいます。
③　丸写しの言葉は、人の心に入っていきません。
④　教師はたった一言で子どもをつぶせることを、肝に銘じましょう。

①　哲学のない教師の言葉が子どもの上をすべっていきます。

哲学とは、決して難しいことではありません。何事にも共通している、元となる考え方のことです。

そこがぶれていると、先生の話の一つ一つは意味があっても、子どもたちは教師の言葉を聞こうとしなくなります。

いつも同じ規準で物事を考えていくことが、必要です。

② 生き方と合わない言葉のはしばしに、ウソが見えてしまいます。

教師は、等身大で語るべきだと思います。自分がしたこともないことを、子どもたちにさせようとしたり、本の一冊も読まないくせに「読書が大事だ」と子どもに言ってみたり、「遅刻を絶対に許さない」と言いながら、自分がしょっちゅう遅れてきたり……。

そういう先生の言葉は、子どもの中でどんどん軽いものになっていきます。

教師は、言行一致です。

人間だからできないことはあります。その場合は、きちんと子どもたちに謝れば良いのです。

③ 丸写しの言葉は、人の心に入っていきません。

どこかのマナー講座で挨拶についての話を聞いて気に入ったので、それをそのまま子どもたちに話した先生がいます。子ど

もたちに対する言葉に替えもしないで、講師が大人に使った言葉、そのままです。

子どもたちには、うまく伝わりませんでした。

本でも講座でもなんでもそうですが、自分の中で自分の言葉に置き換えて使わないと、人の心には届いていきません。

④　教師はたった一言で子どもをつぶせることを、肝に銘じましょう。

プリントを配るときに、「どうぞ」で手渡しして「ありがとう」と言って受け取ることを二年間かけて定着させたことがあります。

学年として取り組みました。全員がそういう習慣になっていました。

ところが、次の学年の先生が

「いちいち、うるさいんじゃ。黙って配れ。」

と言ったので、二年間かけて作った習慣は、きれいになくなってしまいました。

教師の一言の怖さを思い知らされました。

教師は子どもたちの前で語らねばならない存在です。

「私は話すのが苦手で……。」

という人は、教師にならない方が良いでしょう。

語る以上は、考えた言葉を使うことです。

僕は、いつも、子どもの心に残る言葉を意識して使っていました。

ときには、イヤな言葉をわざと使って、子どもの心にトラウマのように残したこともありました。

その行為を止めさせるのには、その行為をすることが苦痛にすれば良いのです。

心に残るイヤな言葉は、その行動をとろうとしたときに、心にすっと浮かんでしまいます。

「心を汚さないで」

そうじの時間に机を動かしていたとき、K、H、Nの三人の机を「気持ち悪い」「きたない」と言って触らない子どもたちがいました。Uくんが「あの子らは、言ってもしないから、僕が運んだけど……。」と教えてくれました。

そこで、全員に語りかけたことは、

「机をべとべとに汚していたら、『きれいにしてください』と言ってもいいです。他人に汚れた机をきれいにさせるのは、いいことではありません。でも、彼らの机は、君たちの机よりもすごく汚れていたのでしょうか。他人の机がきたない、気持ち悪いというのは、そう言っている人間の心が汚れているんだと思います。机の汚れはふいたらきれいになります。でも、きたなくなった心はふきとれません。

先生は君たちに、きたない心ではなく、きれいな心を持ってほしいのです。だって、きたない心の人を信頼してやっていくことはできないでしょう。どちらと友だちになりたいかは、明白ですよね。

きれいな心の人になってください。」

14

発言を活かすことで、学級を育てる

さて、子どもってときどきピント外れの発言をしますよね。でも、教師がそう感じたときに、子ども否定が始まっていると考えたほうが良いのです。子どもはいつでも何か意味があって発言しています。

「それはちがうよ。」

と思うのではなく

「この子はいったい何が言いたいんだろう。」

とか、

「この子の間違いは何が原因なのかな。」

とかいうふうに考えると、ピント外れだと思っていた言葉が、授業で生きてくるものに変わってくるのです。

それとは逆に「よくできる子」が、授業をつぶす、ということがあります。それはなぜかというと、すぐに正答が出てしまうからです。よくできる子どもにクラスが引っ張られている例のとおりで、ほかの子が考えている間に正解を言ってしまうので、ほかの子どもたちが考えなくなるのです。

「知ってるよ。」

と言われると、やっぱりやる気はそがれます。みんなが分かってないことを一緒にスタートして考えるからやる気がでるものです。

こういう子どもたちはクラスの意欲をそぐのですね。

そして、自信のない子どもがクラスで沈黙してしまうことになって、クラスが沈滞するのです。クラスが思考を止める、というわけです。

では、どうすれば良いのでしょうか。

そこが教師の出番でしょう。

教師はどうも子どもからの答えを待っているようなところがあります。それが間違いですね。子どもがどう考えたのかということが一番大切なのですよね。

「はい、その答えを待っていました。」

というのは、最悪です。

なぜ子どもの答えが出尽くすのを待てないのでしょうか。

教師自身が「この答えがほしい」という気持ちを持っているからですね。

子どもたちは先生の表情をうかがって、先生の反応でよしあしを決めるようになります。これでは、授業が盛り上がらないのは当然です。

子どもの答えに飛びつかないことが、授業を組み立てていく上で必要です。

授業の主役は子どもです。

教師は、一般的にはディレクター、つまり、監督です。指示したり命令したりやり直しさせたりするわけですね。

ドラマや映画で、役者が光らないと作品も光らないでしょう。監督は、画面には出てきません。たまにタランティーノやビートたけしみたいに画面に出てきたがる人もいますが……。

いずれにしても、監督が主役になることは、本来ありません。

教師も同じです。これを忘れてしまう方がときどきいます。主役である子どもたちが光らないと、授業の意味がありませんね。

そういう発想で子どもの発言を聞き取っていくことで、授業が組み立てられていくのです。

ちなみに、僕は、教師はプロデューサーだと思っています。教材研究して指導計画を立てる段階を大切にしています。

ただし、誤解のないように言っておきますが、教師が主導してはいけないということでは、ありません。

■コラム■　子どもの言葉を読み取る

子どもは、独特の言葉の使い方をする。

子どもの言葉を読み取るには、それなりの読み取り方をしなければならない。

まず、背景から読み取るということ。

子どもの言葉には、その背景が大きく影響している場合がある。大人のようにごまかすことができないから、背景がそのまま言葉に表れてしまうときがある。

また、その逆に、背景を考えないと、なんのことか分からない場合もある。

いつも日記にお母さんの出てくる子どもがいた。何を書いても、必ずどこかにお母さんが登場する。

その子は、兄弟たちの中で、一番しっかりしていて、一番お母さんの手間がかからない子どもだった。

僕は、そこに、その子の強い思いを見た。お母さんへの強烈な執念に近い思慕を感じた。

手のかからない子どもの方が、親への気持ちは強くなる。他の兄弟へのうらやましさもあるだろう。せめて自分は、お母さんに迷惑かけないようにがんばろうという気持ちもあるだろう。

お母さんに認めてもらいたいという願望もあるだろう。

その思いが、日記のどこかに必ずお母さんを登場させたのだろう。

そう読み取ってからは、その子の日記を読むたびに、僕の胸はキュンとなった。なんとか思いを受け止めてやりたいと、赤ペンに心をこめたものである。

著者紹介

多賀一郎

追手門学院小学校。神戸大学附属小学校を経て私学に永年在籍。元日本私立小学校連合会国語部全国委員長。親塾での保護者教育，若手のためのセミナー他，公立私立の小学校で指導助言をしている。著書『全員を聞く子どもにする学級の作り方』『一冊の本が学級を変える』『今どきの一年生まるごと引き受けます』(黎明書房)『これであなたもマイスター！　国語発問づくり 10 のルール』『学級担任のための「伝わる」話し方』『ヒドゥンカリキュラム入門』(明治図書) その他，共著多数。〈第 3 章執筆〉

山本純人

1977 年生まれ。二松學舍大学文学部を卒業。埼玉県富士見市立小学校教諭，川越市立中学校教諭を経て，現在，埼玉県立高等学校教諭。「梓」「海鳥」（俳句結社）「日本学校俳句研究会」所属。主な著書には『楽しい俳句の授業アイデア 50』(共著，学事出版)『クラスがまとまるチョッといい俳句の使い方』(学事出版)『今日から使える！いつでも使える！　中学校国語授業のネタ & アイデア 99 』(明治図書) などがある。〈第 2 章執筆〉

長瀬拓也

1981 年生まれ。岐阜県立中津高校，佛教大学教育学部を卒業。横浜市立小学校教諭を経て，現在，岐阜県公立小学校教諭。主な著書に『新版若い教師のための読書術』（学事出版），『教師のための時間術』『誰でもうまくいく！　普段の楽しい社会科授業のつくり方』（黎明書房），『ゼロから学べる学級経営』（明治図書）など多数。新米先生応援メールマガジン編集長を務める。http://www.mag2.com/m/0000290422.html（購読無料）〈第 1 章執筆〉

言葉《ことば》と俳句《はいく》の力《ちから》で心《こころ》が育《そだ》つ学級《がっきゅう》づくり

2015 年 2 月 25 日　初版発行

著　者	多《た》賀《が》一《いち》郎《ろう》
	山《やま》本《もと》純《すみ》人《と》
	長《なが》瀬《せ》拓《たく》也《や》
発行者	武馬久仁裕
印　刷	株式会社　太洋社
製　本	株式会社　太洋社

発行所　株式会社　黎《れい》明《めい》書《しょ》房《ぼう》

〒 460-0002　名古屋市中区丸の内 3-6-27　EBS ビル
☎ 052-962-3045　FAX052-951-9065　振替・00880-1-59001
〒 101-0047　東京連絡所・千代田区内神田 1-4-9　松苗ビル 4F
☎ 03-3268-3470

落丁本・乱丁本はお取替します。　ISBN978-4-654-01915-1